AS COISAS
QUE VOCÊ
SÓ VÊ QUANDO
DESACELERA

AS COISAS
QUE VOCÊ
SÓ VÊ QUANDO
DESACELERA
HAEMIN SUNIM
SEXTANTE

Título original: *The Things You Can See Only When You Slow Down*

tradução: Rafaella Lemos
preparo de originais: Renata Dib
revisão: Juliana Souza e Suelen Lopes
capa: Roseanne Serra
adaptação de capa e diagramação: Ana Paula Daudt Brandão
imagem de capa e ilustrações de miolo: Youngcheol Lee
impressão e acabamento: Ipsis Gráfica e Editora

CIP-BRASIL. CATALOGAÇÃO NA PUBLICAÇÃO
SINDICATO NACIONAL DOS EDITORES DE LIVROS, RJ

S955c Sunim, Haemin
As coisas que você só vê quando desacelera / Haemin Sunim; tradução de Rafaella Lemos; Rio de Janeiro: Sextante, 2017.
256p.; il.; 12,7 x 17,8 cm.

Tradução de: The Things You Can See Only When You Slow Down
ISBN 978-85-431-0529-1

1. Meditação. 2. Espiritualidade. I. Lemos, Rafaella. II. Título.

17-43417

CDD: 299.93
CDU: 299.9

GMT Editores Ltda.
Rua Voluntários da Pátria, 45 – 14º andar – Botafogo
22270-000 – Rio de Janeiro – RJ
Tel.: (21) 2538-4100
E-mail: atendimento@sextante.com.br
www.sextante.com.br

Sumário

PRÓLOGO

COMO SOU MONGE ZEN-BUDISTA e ex-professor de uma pequena faculdade de artes liberais em Massachusetts, as pessoas costumam me pedir orientações sobre como lidar com os desafios da vida. Além de oferecer conselhos ao vivo e por e-mail, há alguns anos comecei a responder perguntas pelas redes sociais, pois gosto da sensação de criar laços com as pessoas. Minhas mensagens em geral são simples, curtas e diretas. Às vezes respondo a algum questionamento da vida real, às vezes escrevo um pequeno lembrete para mim mesmo quando descubro padrões interessantes de pensamento na prática da atenção plena ou nas interações pessoais. Também discuto a importância de desacelerar nesta vida moderna tão agitada, assim como a arte de manter bons relacionamentos e cultivar a autocompaixão.

Não imaginava que iria receber tantas respostas aos

meus tuítes e às minhas postagens no Facebook. Muitas pessoas começaram a me escrever não apenas para pedir conselhos, mas para expressar solidariedade e gratidão. Ainda me lembro de uma jovem mãe que tinha perdido o marido em um acidente de carro; ela mandou uma mensagem me agradecendo, comovida por eu tê-la impedido de cometer suicídio, dizendo que nunca pensara em amar a si mesma porque, para ela, amar sempre significou dar amor a outra pessoa. Um executivo workaholic de 40 e poucos anos me contou que era maravilhoso começar o dia com as minhas mensagens. Disse que elas proporcionavam um momento calmo de reflexão e descanso em sua agenda caótica. Um jovem recém-formado na faculdade, desmotivado por não encontrar emprego, leu minhas palavras de apoio e resolveu tentar mais uma vez, e então enfim encontrou um trabalho. Quando eu soube disso, fiquei radiante por dias, como se eu mesmo tivesse conseguido meu primeiro emprego.

Fico muito feliz em saber que minhas mensagens tão simples podem inspirar as pessoas e ajudá-las em momentos difíceis. À medida que elas passaram a ser compartilhadas por mais e mais pessoas e que meu número de seguidores no Twitter e no Facebook aumentou, começaram a me chamar de "mentor de cura", que acabou se tornando meu apelido na Coreia. Então fui procurado por algumas editoras com a proposta de transformar meus

escritos num livro. Em 2012, *As coisas que você só vê quando desacelera* foi lançado na Coreia do Sul. Para surpresa de todos, ficou em primeiro lugar na lista dos mais vendidos durante 41 semanas e vendeu mais de 3 milhões de exemplares em três anos. Logo vieram as traduções – para o chinês, o japonês, o tailandês, o francês, o inglês e o português. Fico honrado pela atenção que o livro tem recebido e espero que possa ser tão útil para você quanto tem sido para os demais leitores.

Aqui há oito capítulos que tratam de vários aspectos da vida – de amor e amizade a trabalho e aspirações – e de como a prática da atenção plena pode nos ajudar com cada um deles. Por exemplo, ensino a lidar de maneira consciente com as emoções negativas, como a raiva e a inveja, assim como com as decepções da vida, mergulhando fundo no meu passado a fim de compartilhar uma experiência frustrada de quando eu era um jovem professor universitário. Se você for inibido ao extremo, as "três ideias libertadoras" do capítulo 6 podem ser bastante úteis. Se estiver ansioso em relação ao futuro ou inseguro sobre sua verdadeira vocação, eu ofereço conselhos sobre como descobrir e desenvolver a autoconsciência.

Cada capítulo começa com um texto seguido por uma série de mensagens curtas – palavras de sabedoria que falam diretamente com você, para que possa refletir sobre cada uma e se recordar delas, como se fossem companheiras nos seus momentos de ansiedade e desespero, lembrando-o sempre de que não está sozinho. Os capítulos continuam com mais um texto e outra série de pequenas sugestões para reflexão. No decorrer do livro, há ilustrações coloridas feitas por Youngcheol Lee. Elas são intervalos de calma; utilize-as como inspiração para o relaxamento e a meditação.

Algumas pessoas devoraram este livro, como fariam com um romance. No entanto, eu recomendo que você leve o tempo necessário para refletir sobre o que acabou de ler antes de avançar. Você vai apreciar melhor os capítulos e encontrar significados mais profundos se passar por cada um deles devagar. Sinta-se livre para fazer anotações nas margens ou grifar as partes que fizerem mais sentido para você.

Desejo que o tempo dedicado a este livro se torne um momento de reflexão e meditação em meio à sua vida agitada. Desejo que o inspire a se conectar com seu lado mais generoso e sensato. Que você seja feliz, saudável, tranquilo e esteja sempre protegido do sofrimento.

CAPÍTULO 1

Descanso

Por que sou tão ocupado?

Quando tudo ao meu redor está
indo rápido demais, eu paro e me pergunto:
"O mundo é agitado ou será
que é a minha mente?"

COSTUMAMOS PENSAR QUE a "mente" e o "mundo" coexistem de forma independente. Se alguém nos perguntar onde está nossa mente, a maioria de nós vai apontar para a cabeça ou para o coração, mas não para uma árvore ou o céu. Percebemos um limite óbvio entre o que se passa na mente e o que acontece no mundo. Em comparação com o vasto mundo lá fora, a mente, aninhada dentro do corpo, pode se sentir pequena, vulnerável e às vezes impotente. No entanto, de acordo com os ensinamentos de Buda, o limite entre a mente e o mundo na verdade é frágil, permeável e, no fim das contas, ilusório. O mundo não é objetivamente alegre nem triste para produzir um sentimento correspondente em nós. Pelo contrário. Os sentimentos se originam da projeção da experiência subjetiva da nossa mente no mundo. O mundo não é inerentemente alegre nem triste; ele apenas é.

Talvez possamos entender melhor essa ideia a partir de uma conversa que tive com uma querida amiga que é uma monja budista responsável e meticulosa. Há pouco tempo, ela supervisionou a construção de um salão de meditação em seu templo. Depois de me contar, entre outras coisas, sobre a dificuldade para conseguir as autorizações necessárias e encontrar o profissional mais adequado para a obra, ela descreveu o processo de construção da seguinte forma:

"Quando chegou a hora de escolher as telhas, eu via telhas em todo lugar que ia. Reparava no material de que eram feitas, na espessura, no formato. E então, quando foi a vez do piso, tudo que eu enxergava eram tipos de piso. Eu naturalmente prestava atenção na cor, no tipo de madeira, no padrão e na durabilidade dos pisos que via por aí. E de repente me dei conta: quando olhamos para o mundo exterior, estamos enxergando apenas a pequena parte dele que nos interessa. O mundo que vemos não é o Universo inteiro, mas uma parte limitada com a qual a mente se importa. No entanto, *para a nossa mente, essa pequena parte do mundo é o Universo inteiro*. Nossa realidade não é o Cosmos, que se expande infinitamente, mas a pequena parte dele em que resolvemos concentrar nossa atenção. A realidade existe porque a nossa mente existe. Sem a mente não haveria Universo."

Quanto mais eu refletia sobre o assunto, mais essas palavras faziam sentido. O mundo existe porque temos consciência dele. Não podemos viver numa realidade da qual não estejamos conscientes. O mundo depende da nossa mente para existir, assim como nossa mente precisa do mundo para ter consciência dele. Em outras palavras, pode-se dizer que a consciência da mente confere existência ao mundo. Aquilo em que a mente presta atenção se torna o nosso mundo. Visto dessa forma, a mente não parece tão irrelevante em relação ao mundo lá fora, não é?

Não podemos nem queremos saber tudo o que acontece. Ficaríamos loucos com a sobrecarga de informação. Se olharmos para o mundo com os olhos da mente, como minha amiga fez, poderemos facilmente perceber o que estamos procurando, porque a mente vai se concentrar nisso. E o mundo que vemos com os olhos da mente é limitado, então se pudermos treinar a mente para escolher com sabedoria o foco de sua atenção, seremos capazes de experimentar o mundo de acordo com nosso estado mental.

Como monge e professor universitário, sou atraído para muitas direções diferentes. Durante a semana, dou aulas e oriento pesquisas; no fim de semana, dirijo cerca de duas horas para assumir meus deveres no templo do meu mestre. Durante as férias, minha agenda fica ainda mais ocupada. Preciso visitar monges mais velhos, servir de intérprete para aqueles que não falam inglês, ir a diversos templos, dar palestras e ainda arranjar tempo para minha própria prática de meditação. Além disso, sigo trabalhando em pesquisas e escrevendo artigos acadêmicos.

Para ser sincero, às vezes me pergunto se um monge zen-budista deveria ter uma agenda tão cheia. Mas então me dou conta de que não é o mundo exterior que é um turbilhão; é apenas a minha mente. *O mundo nunca reclamou de estar ocupado demais.* Ao olhar profundamente para mim mesmo tentando descobrir por que vivo tão ocupado, percebo que, até certo ponto, gosto de viver assim. Se eu quisesse mesmo descansar, só precisaria recusar alguns convites para dar aulas. Mas costumo aceitá-los de bom grado porque gosto de conhecer pessoas que queiram meus conselhos e de ajudá-las com qualquer pouca sabedoria que eu possa ter. Ver as outras pessoas felizes é uma profunda fonte de alegria em minha vida.

Há um famoso ditado budista que diz que todo mundo é buda aos olhos de Buda e porco aos olhos de um porco. Ou seja, o mundo é experimentado de acordo com o estado mental de cada um. Quando nossa mente está alegre e compassiva, o mundo também está; e se está repleta de pensamentos negativos, o mundo ganha esse aspecto. Portanto, quando estiver se sentindo muito sobrecarregado e ocupado, lembre-se de que há algo que você pode fazer. *Quando a mente descansa, o mundo também descansa.*

Conhecemos o mundo apenas pela janela da mente.
Quando a mente está agitada, o mundo também está.
Quando a mente está em paz, o mundo também está.
Conhecer a nossa mente
é tão importante quanto tentar mudar o mundo.

*

Eu me espremo no vagão do metrô.
Há uma multidão à minha volta.
Eu posso me irritar
ou pensar que é divertido não precisar me segurar
em nada.
As pessoas reagem à mesma situação de formas
diferentes.
Se olharmos mais de perto,
vamos ver que não é a situação que está nos
incomodando,
e sim nossa forma de enxergá-la.

*

Tsunamis são assustadores não apenas
por causa da água,
mas também por causa dos objetos que a água
arremessa em nós.
Tornados são aterrorizantes não apenas
por causa do vento,
mas também por causa dos objetos que o vento ergue
e joga em nós.

Nós nos sentimos infelizes não só porque
algo ruim aconteceu,
mas também por causa do turbilhão de pensamentos
sobre o que aconteceu.

*

Quando tiver uma sensação desagradável,
não se prenda a ela nem a fique remoendo.
Em vez disso, deixe-a em paz para que possa fluir.
A onda de emoção vai recuar naturalmente
se você não alimentá-la pensando nela sem parar.

*

Para desgrudar comida de uma frigideira,
apenas despeje água nela e espere.
Após um tempo, a comida se soltará sozinha.

Não lute para curar suas feridas.
Apenas despeje tempo no seu coração e espere.
Quando suas feridas estiverem prontas,
elas vão se curar sozinhas.

*

Se nos sentirmos satisfeitos,
poderemos relaxar de nosso esforço contínuo e dar
boas-vindas à serenidade.
Se nos sentirmos satisfeitos,
poderemos desfrutar o tempo com a pessoa que está
ao nosso lado.
Se nos sentirmos satisfeitos,
poderemos fazer as pazes com o passado e
nos desapegar de nossa bagagem.

*

Se mesmo depois de muitas tentativas você não
consegue mudar uma situação ruim,
é preciso mudar sua forma de enxergá-la.
Nada é intrinsecamente bom ou mau.
Bom e mau são conceitos relativos.
Compare a sua situação com a de alguém que a seu ver
esteja pior que você.
Agora a sua já não parece tão ruim assim.

*

Quando estiver estressado, tenha consciência
do seu estresse.
Quando estiver irritado, tenha consciência
da sua irritação.
Quando estiver com raiva, tenha consciência da sua raiva.
Quando você toma consciência desses sentimentos,
já não está mais perdido neles.
A consciência permite que você os testemunhe de fora.
Ela é inerentemente pura, como o céu aberto.
Estresse, irritação e raiva podem deixar o céu nublado
por um tempo,
mas não podem poluí-lo.
Emoções negativas vêm e vão como nuvens,
mas o céu aberto permanece.

*

Como toxinas que pouco a pouco
se acumulam em nosso corpo,
se a raiva, o desespero ou o sofrimento
se acumulam em nosso coração,
precisamos fazer alguma coisa.
Pratique exercícios, fale com seu mentor,
medite na bondade amorosa.
Quando iniciamos esse esforço, as toxinas começam a
perder o poder que exercem sobre nós.

*

As lembranças lhe causam dor?
Tente permanecer no presente.
Traga sua atenção para o aqui e agora.
Perceba que seus pensamentos se acalmam
quando você se concentra no presente.
À medida que seus pensamentos se tranquilizam,
as lembranças também se aquietam.
Porque as lembranças, em essência, são pensamentos.

*

Quando sai de casa para ir ao trabalho,
você se pergunta:
"Será que terei que passar a vida inteira assim?"
Tente mudar sua postura:
acorde um pouco mais cedo
e sente-se em silêncio, como se estivesse meditando.
Inspire fundo e devagar,
e se pergunte como o seu trabalho ajuda outras pessoas,
não importa quão insignificante ou indireta essa ajuda
possa parecer.
Quando se concentra mais nos outros,
você pode se reconectar com o significado e o propósito
do seu trabalho.

*

Um dilema muito moderno:
há inúmeros canais de televisão,
mas nada de interessante para assistir.
Opções de mais deixam as pessoas infelizes.

*

Está se sentindo confuso ou angustiado?
Permita-se uma boa noite de sono.
Quando acordar no dia seguinte, o problema
parecerá menor.
Isso funciona de verdade.

*

Se você quiser ter um sono mais tranquilo,
na hora de deitar a cabeça no travesseiro,
pense nas pessoas por quem sente gratidão
ou nas vezes em que ajudou os outros e
se sentiu bem com esse gesto.
Isso vai aquecer seu coração, presenteando-o com um
sono mais sereno.

*

Com amor no coração,
até as coisas mais triviais parecem sagradas e bonitas.
Com amor no coração,
nos tornamos mais bondosos e gentis,
mesmo com estranhos.
Sem amor no coração,
o mundo parece sem sentido e aleatório.
Sem amor no coração,
nos tornamos estranhos até para os familiares e amigos.

*

Quando ficamos abertos aos outros,
temos coragem de ser sinceros e vulneráveis.
Quando ficamos com boa vontade
em relação aos outros,
temos a intenção de estar felizes e conectados.

Feche os olhos, respire fundo e diga:
"Que os meus amigos e conhecidos sejam amados
e protegidos!"
Com essas palavras você também se sentirá amado
e protegido.

*

Quando estivermos à vontade com nós mesmos
e nos aceitarmos por completo,
os outros vão nos considerar acessíveis
e irão gostar de nós justamente por quem somos.

*

Eu queria que você pudesse ver minha
verdadeira natureza.
Para além do meu corpo e dos rótulos,
há um rio de ternura e vulnerabilidade.
Para além dos estereótipos e das suposições,
há um vale de franqueza e autenticidade.
Para além da memória e do ego,
há um oceano de consciência e compaixão.

*

Os sábios não lutam contra o mundo.
Da forma mais relaxada e lúdica possível,
eles apenas incorporam a verdade de que são
unos com o mundo.

Quando a vida decepcionar, descanse um momento

Quando sua confiança for quebrada, quando suas esperanças forem por água abaixo, quando alguém que você ama o deixar, antes de qualquer outra coisa faça uma pausa e descanse por um momento.

Se puder, cerque-se de amigos, coma e beba com eles, desabafe todas as traições, decepções e mágoas.

Vá ao cinema – sozinho ou com seu melhor amigo. Escolha o filme mais bobo, mesmo que não costume assistir a comédias. Chore de rir como se ninguém estivesse olhando, como se ainda fosse um adolescente despreocupado.

Procure uma canção que considere emocionante. Coloque-a para tocar várias vezes e cante junto, como se estivesse fazendo isso por todas as almas feridas.

Se nada disso ajudar, aproveite as férias para fazer uma viagem. Vá a algum lugar que sempre quis conhecer – o Grand Canyon, o Caminho de Santiago, Machu Picchu.

Sozinho. Apenas você e a estrada.

Depois de ficar um tempo só, vá para o lugar que considera mais sagrado. Feche os olhos e esvazie a mente.

Mesmo que não seja uma pessoa espiritualizada, invoque a essência da compaixão e sinta o abraço da aceitação.

Curvado e de coração partido, eu sei que um dia você fui eu e eu um dia fui você.

Então hoje eu faço uma prece por você.

Ame-se apesar das suas imperfeições.
Você não sente autocompaixão quando enfrenta desafios ao longo da vida?
Você está muito ávido por ajudar seus amigos, mas trata a si mesmo muito mal.
Acaricie seu coração de vez em quando e diga para si mesmo: "Eu amo você."

*

Num pedaço de papel, anote tudo o que deixa você estressado.
Liste tudo o que precisa fazer, inclusive as coisas mais básicas:
molhar as plantas, responder aos e-mails.
Agora esses estresses estão num pedaço de papel, longe da sua mente.
Então, hoje à noite, relaxe.
Diga a si mesmo que vai cuidar da lista amanhã, item por item, começando pelo mais fácil.
Quando abrir os olhos pela manhã, sua mente e seu corpo estarão prontos.
Eu lhe garanto.

*

Não desista por causa das críticas.
Aprenda a deixar de lado o que as pessoas que não conhecem você têm a dizer.
Você recebe críticas porque suas atitudes estão atraindo a atenção das pessoas.
Tenha coragem e continue no mesmo caminho.

*

A vida nos ensina por meio dos nossos erros.
Quando cometer um erro,
apenas se pergunte o que deve aprender com ele.
Quando aceitamos essas lições com humildade e gratidão, evoluímos na mesma medida.

*

Para ser feliz, não é necessário grande esforço.
Em vez disso, relaxe no momento presente e encontre humor na sua vida.
Com bom humor, a vida se torna leve e prazerosa.
E o riso sempre leva as pessoas a experimentarem franqueza e alegria.

*

O bom humor abre corações fechados.
Ele pode nos livrar do controle que nossos pensamentos exercem sobre nós.
Quando sorrimos, sentimos que podemos aceitar coisas que antes não podíamos.
Sentimos que podemos perdoar aqueles que erraram conosco.
O bom humor é parte essencial da vida.

*

Quando estamos alegres,
nosso coração se abre para coisas novas.
Quando estamos de mau humor,
não conseguimos nos abrir para coisas novas,
não importa quão maravilhosas sejam.
Sem alegria no coração,
nossa evolução na vida é lenta e desinteressante.

*

As pessoas que trabalham de forma lúdica e relaxada costumam ser eficientes e criativas.
Os workaholics, motivados apenas pelo estresse, trabalham sem alegria.

*

Para continuar trabalhando por um longo tempo,
não trate o que você faz apenas como trabalho.
Enxergue-o como uma fonte de alegria e crescimento.
O caminho para a felicidade não é apenas encontrar
um bom emprego,
mas também aprender a gostar do que
você é pago para fazer.

*

Está se sentindo inquieto e deprimido?
Então olhe para o rosto de uma criança adormecida
por um minuto.
Você logo vai sentir ondas de paz.

*

Uma família passeia em meio a folhas caídas no outono.
O pai pega o filho de 5 anos no colo
e o menino o enche de beijos.
A mãe os observa com um sorriso.
Se tirarmos um momento para olhar em volta,
veremos que estamos cercados de momentos adoráveis.

Você gostaria de deixar seu filho feliz?
Então saia do trabalho um pouco mais cedo.
Vá esperá-lo na porta da escola.
Fique brincando com ele no parquinho.
Deixe-o escolher onde irão jantar.
E derrame sobre seu filho sua atenção amorosa.
Na volta para casa, compre sorvete para toda a família.

Seu filho vai se lembrar desse dia para sempre.

Enquanto seus filhos não estiverem independentes,
faça o máximo de viagens em família que puder.
Apesar de vermos nossos familiares todos os dias,
não conseguimos estar próximos de verdade
uns dos outros.
Uma mudança de ambiente pode fazer maravilhas
e tornar as famílias mais unidas.
Uma boa viagem em família pode até evitar um divórcio.

O que torna a música bonita é
a distância entre uma nota e a seguinte.
O que torna o discurso eloquente são
as pausas apropriadas entre as palavras.
De tempos em tempos devemos respirar fundo
e perceber os silêncios entre os sons.

*

Quando tiver que tomar uma decisão importante,
não perca o sono por causa disso.
Apenas tome aquele remédio especial chamado
"tempo" e espere.
Seu inconsciente vai procurar a resposta.
Dois ou três dias depois
a resposta vai aparecer
quando você estiver acordando, tomando banho
ou falando com um amigo.

Tenha fé na sua mente inconsciente
e se dê um tempo.

*

Se algo dá errado,
costumamos nos voltar para dentro e nos culpar.
Mas será mesmo culpa nossa?
Por exemplo, se eu fosse James Taylor e alguém estivesse procurando Pavarotti,
eu naturalmente não seria escolhido.
Mas isso não quer dizer que me falte talento musical.
Significa que eu não sou a pessoa certa apenas para aquilo.
Seja mais confiante e pare de se maltratar.

*

Mesmo que vá jantar apenas uma tigela de cereal,
coma-a com a atitude amorosa de quem está se nutrindo.
É cansativo ter que cuidar constantemente do corpo, não é?
Se dê um tapinha nas costas pelo trabalho duro que vem fazendo.
E vá para a cama uma hora mais cedo
como uma dádiva ao seu corpo.

*

Há algo que não sai da sua cabeça?
Dê um passeio num dia ensolarado.
Sob o calor do sol,
seu cérebro vai liberar serotonina, que acalma a mente.
Se deixar a questão em aberto,
sem tentar encontrar uma solução,
a resposta virá sozinha.

*

Se você esperar ser sempre confortado pelos outros,
sentirá o peso dessa necessidade.
Se tiver uma necessidade constante de ser ouvido,
ninguém poderá satisfazê-la por completo.
Em vez de buscar conforto nos outros,
conforte-os e escute o que as pessoas ao seu redor
têm a dizer.
No processo de oferecer ajuda,
você será curado.

*

Em vez de jogar na loteria,
compre flores para você e a sua família.
Se comprar flores e colocá-las na sala de estar,
você se sentirá um vencedor e
encontrará beleza abundante toda vez
que passar pela sala.

*

Algo o decepcionou?
Algo deixou você triste?
É a escola da vida tentando lhe ensinar uma
importante lição.
Quando estiver pronto, dedique um tempo a aprendê-la.

*

O mundo continuará girando mesmo sem você.
Liberte-se da ideia de que o seu modo é o único certo,
de que você é o único que pode fazer as coisas
acontecerem.

*

Quanto mais gratos nos sentimos, mais felizes
nos tornamos.
Isso porque a gratidão nos ajuda a perceber que
estamos todos conectados.
Ninguém se sente isolado quando está grato.
A gratidão nos desperta para a verdade de nossa
natureza interdependente.

*

Se você se importar de verdade com os outros e
procurar formas de ajudá-los a prosperar,
não vai precisar procurar maneiras de melhorar
o próprio humor.
Uma ação altruísta e generosa vai deixá-lo mais alegre
e aumentar seu senso de valor próprio.
Se estiver passando por um dia ruim,
veja se consegue encontrar uma forma de ajudar alguém.
Mesmo um pequeno gesto de ajuda já fará você
se sentir melhor.

CAPÍTULO 2

Atenção plena

Seja amigo das suas emoções

DESDE QUE ME TORNEI ativo nas redes sociais, as pessoas sempre me enviam mensagens para pedir conselhos. O que mais querem saber é como lidar com emoções negativas fortes, como a raiva, o ódio ou a inveja.

A boa notícia é que quem levanta essa questão já tem meio caminho andado. O simples fato de perguntar indica que há consciência suficiente para notar o estado negativo da própria mente – o que não é algo fácil de se fazer. A maioria das pessoas está completamente envolvida com as suas emoções e tem uma autoconsciência limitada. Quem faz esse questionamento percebeu o que acontecia em sua mente no momento em que era arrebatado por um turbilhão de emoções negativas, parou por um instante e me mandou a mensagem. Quando as pessoas percebem uma emoção negativa nascendo, seu primeiro impulso é controlá-la, de forma a não se sentirem sufocadas nem ameaçadas por ela. Querem se livrar da sensação na mesma hora ou fugir dela, e quase nunca pensam que o assunto merece uma compreensão mais profunda. É provável que essa seja a razão pela qual se usam expressões como "gerenciamento da raiva" ou "superação do ódio" em vez de "seja amigo das suas emoções".

É difícil controlar depressa uma emoção negativa; quanto mais tentamos, mais forte ela se torna e vem à tona. Mesmo que sejamos capazes de controlá-la, podemos acabar apenas reprimindo-a – só para que seja extravasada no futuro. Imagine que uma emoção negativa intensa é como um monte de sedimentos num aquário. Para que os resíduos se acumulem no fundo e você tenha uma visão clara dos peixes, a pior coisa que você pode fazer é submergir as mãos na água turva e tentar empurrar a sujeira para baixo. Se fizer isso, quanto mais tentar empurrá-la, mais ela vai se espalhar. Da mesma forma, ao tentar controlar uma emoção negativa, você até pode tentar empurrá-la para baixo, mas infelizmente, quanto mais o fizer, mais ela virá à tona.

Então o que devemos fazer? Como podemos entender melhor nossas emoções negativas e tentar solucioná-las em vez de reprimi-las? A resposta é bem simples. Tudo que precisamos é separar a energia crua dessas emoções dos rótulos linguísticos que as acompanham – como "raiva" ou "ódio" – e testemunhar calmamente até que a energia se transforme em outra coisa. O importante aqui é não se apegar a palavras como "raiva", "ódio" ou "inveja" e, em vez disso, observar a energia crua por trás delas. Apesar de ser algo sutil, a energia se modifica com frequência, enquanto os rótulos permanecem estáticos. Se você retirar o rótulo e entrar em contato com a energia crua, logo vai perceber que a emoção negativa é algo temporário, que muda sem que você precise se esforçar para isso. Portanto, como um espelho, que só reflete o que está diante de si, sem julgamentos nem identificação com a imagem, apenas reflita a emoção negativa – digamos, a raiva – e a observe, sem se deixar abalar. Você vai ver que a raiva lentamente se transforma, revelando uma camada mais profunda de emoção ou desaparecendo sozinha. Se outra camada de emoção se revelar, faça com ela o mesmo que fez com a raiva.

Para tentar entender alguma coisa, costuma ser mais eficaz deixar de lado suas ideias preconcebidas sobre o assunto e observá-lo em silêncio, de modo que o objeto examinado possa revelar o que deve ser compreendido. Em vez de mergulhar nas águas escuras da sua emoção tentando controlá-la, você deve apenas observá-la e deixar que se sedimente e se transforme por si só. Como dizia o mestre espiritual Jiddu Krishnamurti, atenção pura, sem julgamento, é a forma mais elevada não só de inteligência humana, como também do amor. Observe de maneira atenta e amorosa a energia em constante mudança, à medida que ela se desdobra no espaço da sua mente.

Alguém deve estar se perguntando: "O que há de tão legal em apenas observar? Isso não é evitar a realidade?" Muito pelo contrário. Você não a estará evitando; na verdade, estará *encarando* a realidade. Em vez de se deixar tomar pela emoção sem qualquer autoconsciência, você vai se questionar e sentir o que há ali. E, à medida que fizer isso, se dará conta de que a emoção negativa não é uma realidade fixa. Ela vem à tona e se recolhe no espaço da sua consciência, independentemente da sua vontade. Depois de despertar para essa verdade, você não vai mais se deixar abalar pelas emoções negativas e será capaz de vê-las como uma nuvem passageira, em vez de se identificar com elas como se fossem parte do seu ser. Não lute contra as emoções negativas. Observe-as e seja amigo delas.

Se você quer vingança porque está sofrendo,
tudo que consegue ver é o próprio sofrimento.
Mas se você se acalmar e olhar mais fundo,
vai perceber que a pessoa que o magoou
também está sofrendo.

*

Nos aposentos do coração,
temos dois inquilinos morando lado a lado:
Adolf Hitler e Madre Teresa.
Quando somos dominados pela insegurança
e pelo medo,
sentimos as maquinações interiores de Hitler.
Quando estamos em contato com o amor e os vínculos,
ouvimos a voz delicada de Madre Teresa.

*

Perdemos interesse em filmes e séries de TV
em que os mocinhos são sempre bons e os vilões,
sempre maus.
Isso não corresponde à realidade.
Ninguém é sempre bom ou mau.

*

"É impossível encontrar uma pessoa
que tenha sido, seja ou venha a ser
apenas criticada
ou apenas elogiada."
– O Dhammapada

*

Um moralista rápido em julgar os outros
não costuma ser capaz de enxergar os próprios defeitos.

*

Quando uma pessoa critica outra,
você pode pensar que foi merecido.
Mas se olhar mais de perto,
verá que o crítico está reclamando porque
não conseguiu o que queria.
Não seja tão facilmente influenciável.

*

Quando você ataca alguém,
com frequência é porque está com medo.

*

Um amigo começa a falar mal de alguém de quem
você não gosta,
e você concorda com sinceridade.
Mas então fica inevitável se perguntar:
"Quando não estou por perto, será que ele fala mal
de mim também?"
A fofoca pode ser catártica no momento,
mas viaja rápido e pode sair pela culatra.

*

A razão pela qual você me considera puro e compassivo
é o fato de você mesmo ser puro e compassivo.

*

Quando pessoas que não o conhecem
muito bem o admiram,
é porque estão vendo uma ilusão projetada, não
seu verdadeiro eu.
Por outro lado, quando pessoas que o conhecem bem
o respeitam,
provavelmente é porque você merece.

*

Algumas pessoas perguntam se engolir o orgulho é
admitir a derrota.
Eu não acho que seja. Humildade é um sinal de força
interior e sabedoria.
Quando você engole o orgulho, uma comunicação
genuína se torna possível.
Dessa forma podemos finalmente escutar o outro e
resolver nossos problemas.

*

Quando alguém lhe disser "Não",
não reaja de forma emocional nem perca o controle.
Um "Não" pode lhe surpreender e abrir um mundo
de possibilidades.
Um "Não" pode inesperadamente guiar você a pessoas
boas.
Se começar a tentar lutar contra o imutável "Não",
você vai sofrer no processo e perder outras
oportunidades.

*

Seu chefe lhe pede para resolver algo que não tem nada
a ver com o seu trabalho.
Em vez de se irritar, apenas obedeça e deixe para lá.
Não transforme algo trivial numa grande
fonte de sofrimento,
desperdiçando tempo e energia pensando
incessantemente no assunto.

*

Se eu tivesse que resumir a vida da maioria das
pessoas em poucas palavras,
diria: *resistência interminável em relação ao que se é.*
Ao resistir, estamos em constante movimento,
tentando nos ajustar,
e mesmo assim continuamos infelizes em
relação ao que somos.

Se eu tivesse que resumir a vida de uma pessoa
iluminada em poucas palavras,
diria: *completa aceitação do que se é.*
Ao aceitarmos aquilo que somos, nossa mente fica
relaxada e serena
enquanto o mundo se transforma depressa
ao nosso redor.

❊

Não tente controlar as pessoas à sua volta.
Você nem sequer consegue controlar a própria mente.
O que o faz pensar que pode controlar os outros?

Coisas de que eu gostava quando era jovem, mas não gosto mais hoje em dia:
viagens de avião, bufê de comida liberada, filmes de terror, ficar acordado a noite toda.
Coisas de que gosto só agora que estou mais velho:
Mozart, arroz integral, meditação, passar um tempo sozinho, exercícios regulares.
Nós mudamos sem perceber. Estamos em meio a uma mudança neste exato momento.

*

Não lamente o fato de o mundo ter mudado.
Não se ressinta porque as pessoas mudaram.
Avaliar o presente através das memórias do passado
pode causar tristeza.
Quer você queira ou não, a mudança é inevitável.
Abrace e acolha essa transformação.

*

Seja um objeto, um pensamento ou um sentimento,
se emergiu do vazio,
logo vai mudar de forma e
se recolher de volta ao vazio.
Buscadores da Verdade eterna
devem olhar para além de sua natureza impermanente e
tomar consciência "daquele" que *percebe*
a impermanência.

*

O monge mais venerado por outros monges
não é aquele que
parece mais santo,
prega melhor,
administra o maior templo,
prediz o futuro com maior precisão,
tem a capacidade de curar doenças.

É aquele que ensina através das próprias ações.
Ele não possui aura de arrogância
e sacrifica primeiro a si mesmo pela comunidade.

*

A espiritualidade deve ser praticada
não apenas nos momentos de solidão, mas também
entre as pessoas.
Abra-se para os que estão à sua volta e sinta-se
conectado a eles.
Esse é o verdadeiro desafio da prática espiritual.

*

Se sua busca pela iluminação é sincera,
você pode aprender com uma criança
ou mesmo com a pessoa que xingou você na rua.
O mundo inteiro se torna seu mestre.

*

A pessoa que o guia em direção ao despertar espiritual
não é aquela que o elogia ou é legal com você.
A sua espiritualidade se aprofunda por causa daqueles
que o insultam e dificultam a sua vida.
Esses são seus mestres espirituais disfarçados.

*

Como saber se uma pessoa de fato atingiu a iluminação?
Faça-lhe muitos elogios e muitas críticas.
Caso ela se mostre suscetível a qualquer um dos dois,
isso significa que esqueceu a natureza iluminada dela.

*

Nossas emoções são cheias de caprichos,
como o clima de Londres.
Num minuto, alguém nos critica e ficamos
ofendidos e furiosos.
No minuto seguinte, alguém nos elogia e nos sentimos
orgulhosos e importantes.
A menos que reconheçamos o ponto imutável abaixo da
superfície de nossas emoções impermanentes,
nos sentiremos reféns dos caprichos delas.

*

Alguém com uma prática espiritual avançada tem a
seguinte atitude:
numa comunidade numerosa, vive como se estivesse só.
Cuida dos próprios assuntos, sem se meter
nos dos outros.
Quando está só, age como se estivesse em meio a
uma comunidade numerosa.
Segue a própria disciplina sem desviar para a preguiça.

*

Uma boa mestra espiritual é capaz de esperar que
os alunos amadureçam.
Ela não sente necessidade de aumentar nem de provar
a própria iluminação.
Não impõe seus ensinamentos nem pede que os alunos
sigam somente ela.
Deixa que eles sejam quem são para poderem
crescer sozinhos.

*

Quando uma conversa profunda e honesta
nos faz sentir conectados a alguém,
ficamos muito felizes.
É possível ter a mesma conexão profunda
com nós mesmos
quando aceitamos por completo quem somos e
nos damos conta de nossa natureza iluminada.
Essa também é uma fonte de felicidade
e liberdade incomparáveis.

Quando estiver para baixo

"Haemin Sunim, estou me sentindo para baixo. O que devo fazer?"

Observe o sentimento em silêncio, sem tentar mudá-lo. Ele vai mudar sozinho.

Como se estivesse olhando para uma árvore ou sentado à beira de um rio, contemplando o fluxo da água, observe seus sentimentos como se fossem exteriores a você. Se observá-los dessa forma por apenas três minutos, vai perceber que a energia e a textura dos seus sentimentos vão mudando lentamente.

Sentimentos costumam nascer de uma matriz de condições que estão além do seu controle. Da mesma forma que não é possível controlar o humor do seu chefe ou o clima, você não é capaz de controlar os próprios sentimentos. Eles estão apenas de passagem, como nuvens no céu. E também se dissipam sozinhos.

Mas se levá-los muito a sério e começar a internalizá-los como parte da sua identidade, você vai ressuscitá-los sempre que pensar sobre o passado. Lembre-se de que você não é os seus sentimentos nem a história que a sua mente lhe conta para que eles façam sentido. Você é o vasto silêncio que percebe os sentimentos emergindo e desaparecendo.

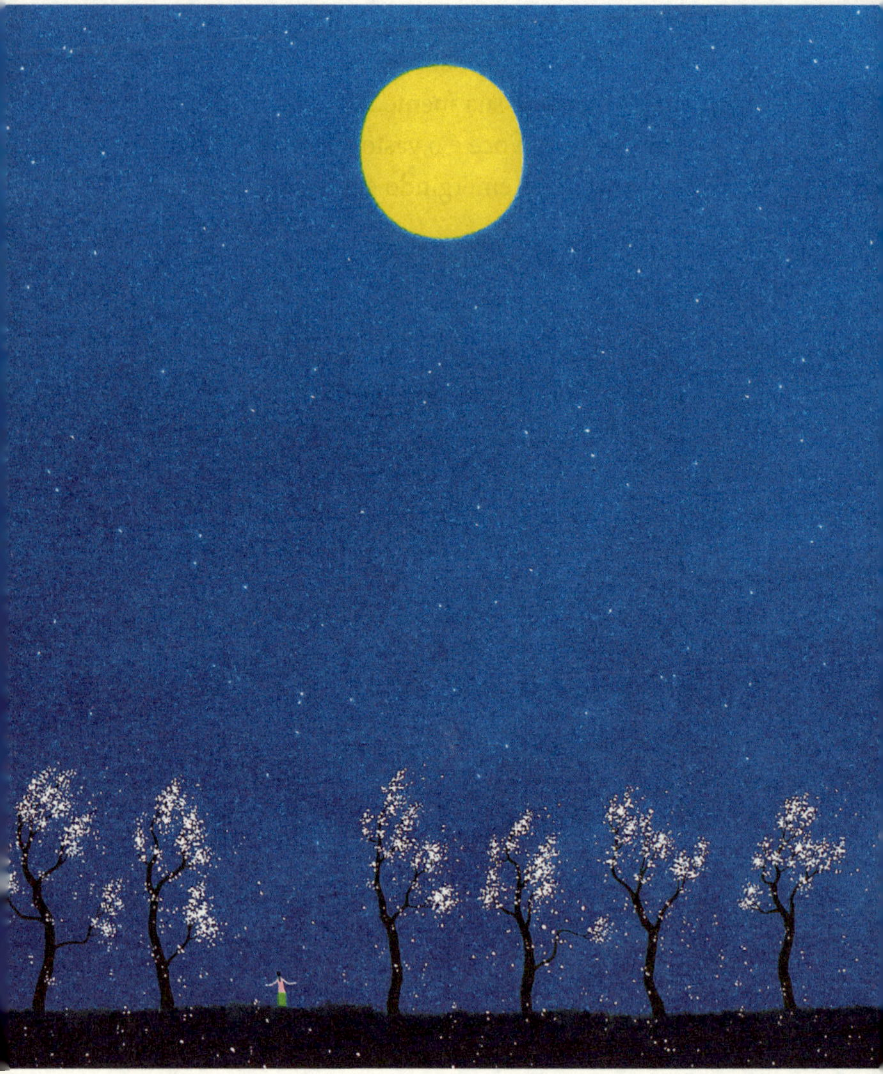

Quando a mente olha para fora,
ela oscila com os ventos do mundo.
Mas quando se volta para dentro,
podemos encontrar nosso centro e repousar
na tranquilidade.

*

As pessoas perguntam: "Como posso esvaziar a mente
durante a meditação?
Quanto mais eu tento, mais pensamentos
parecem surgir."
Isso é completamente normal – porque a tentativa de
esvaziar a mente também é um pensamento.

Não tente se livrar dos pensamentos – não vai funcionar.
Em vez disso, testemunhe o nascimento de um
pensamento.
E testemunhe o desaparecimento do pensamento.
No momento em que tomar consciência disso,
a mente vai se calar e se tornar clara.

*

Gostamos de falar sobre coisas exteriores a nós
porque nossa mente está acostumada a fluir para o mundo.
No entanto, pessoas espiritualizadas revertem o fluxo
e olham para dentro.
Elas param de falar sobre assuntos exteriores
e se treinam para ter intimidade com a própria mente.

*

De todas as palavras que saem da nossa boca todos os dias,
quantas são de fato nossas
e quantas pegamos emprestadas dos outros?
Com que frequência falamos algo original?
Será que de fato existe isso de "nossas próprias palavras"?

*

Dentro de cada um de nós, há uma testemunha interior
que observa com tranquilidade o que acontece
dentro e fora de nós.
A partir de um lugar de silêncio e sabedoria,
mesmo quando o mundo se agita numa
tempestade de emoções,
a testemunha se assenta calmamente no olho
da tempestade,
incólume, luminosa e onisciente.

*

Se você quer dissipar as nuvens de pensamentos,
apenas mantenha a mente no presente.
As nuvens de pensamentos se agarram apenas ao
passado ou ao futuro.
Traga a mente para o presente, e seus pensamentos
vão repousar.

*

Em vez de repetir:
"Isso é horrível, isso é horrível!",
olhe diretamente para a sensação desagradável.

Com calma.

Examine-a.
Você é capaz de ver que ela é impermanente?
Deixe a sensação ir embora quando ela disser que quer ir.

*

Tudo neste Universo é efêmero.
E porque é efêmero, também é precioso.
Aproveite este precioso momento com sabedoria e beleza.

✻

A mente não pode ter dois pensamentos
ao mesmo tempo.
Veja se você consegue pensar em duas coisas
diferentes ao mesmo tempo.
E então? É possível?

✻

Podemos ficar consumidos pela raiva por
um longo tempo
sem nos dar conta de que estamos com raiva.
Da mesma forma, nos perdemos com facilidade
em pensamentos
sem nos dar conta de que estivemos pensando.

Mesmo quando estamos acordados,
não somos diferentes de um sonâmbulo.
Fazemos as coisas sem a consciência de
estarmos em atividade.
Só porque nossos olhos estão abertos, isso não
significa que estamos despertos.

*

Estar desperto significa que
você sabe o que está acontecendo dentro de seu
campo de consciência.
Em vez de seguir cegamente seus pensamentos
e sentimentos,
permaneça desperto e reconheça seu estado mental
antes que seja tarde demais.

*

Não costumamos perceber quanto comemos até
terminarmos a refeição e ficarmos de pé.
A base da prática espiritual é estar consciente
de cada momento.
Se você tem consciência de que seu estômago
está ficando cheio,
você tem uma espiritualidade avançada.

*

Nossa consciência não costuma saber o que
nosso inconsciente quer.
Achamos que queremos uma coisa, mas, quando a
conseguimos, percebemos que queríamos algo diferente.
Quando você quiser ouvir a voz do inconsciente,
tente meditar.
A meditação abre um caminho secreto para o
seu inconsciente.

*

Nossa consciência pode desejar dinheiro,
poder, prestígio,
mas nosso inconsciente deseja amor altruísta,
harmonia, humor, beleza, sacralidade, paz e aceitação.

*

Quando escutamos o silêncio, ouvimos vibrações sutis.
Ao ouvi-las, podemos fazer uma simples pergunta:

quem é este que escuta?

Não há ouvinte.
Há apenas o escutar.

*

"Quando observo a água, eu me torno água.
Quando olho para uma flor, eu me torno a flor.
A flor descendo pela água, iupiii!"
– Mestre zen Seo-ong (1912–2003)

*

Quando nosso corpo está em forma e saudável, nos sentimos leves, quase como o ar.
Mas essa sensação de leveza não quer dizer que nosso corpo não esteja ali.
É necessário muito esforço para que nossa forma física pareça natural e espontânea.
Mas só porque parece espontânea, isso não quer dizer que não houve esforço.

O que chamamos de "espírito" ou "natureza iluminada" existe como o ar,
tão leve e natural que não temos consciência dele,
a menos que nos treinemos para isso.

*

Há muito tempo,
havia apenas uma mente,
que se cansou de ficar sozinha.
Então decidiu se dividir em duas.
Mas como as duas sabiam que eram
originalmente uma só,
brincar juntas não tinha muita graça –
era como jogar xadrez sozinho.
Então as duas mentes concordaram em se esquecer
de onde tinham vindo;
elas fingiram que não se conheciam.
Com o passar do tempo, também se esqueceram
do acordo.
Esqueceram que na verdade eram uma e a mesma.

Esta é a condição da nossa existência.
Nós nos esquecemos de que somos originalmente
a mesma mente.

*

Quando uma pessoa iluminada transcende a
dualidade do "você" e do "eu",
ela enxerga a vida como uma grande peça de teatro.
Essa é a razão pela qual permanece
bem-humorada e alegre.
Ela desempenha seu papel, mas nunca esquece que
é uma representação.

*

A vida é como o teatro. Você recebe um papel.
Se não gostar dele,
saiba que tem o poder de representar o papel que quiser.

CAPÍTULO 3

Paixão

Modere seu entusiasmo

APESAR DE AINDA me sentir um aluno, antes que me desse conta havia um "Ph.D." depois do meu nome e eu tinha me tornado professor numa faculdade no interior de Massachusetts. Tenho lembranças vívidas de como meu coração se acelerava quando eu pensava em ver meus alunos pela primeira vez. Estava repleto de expectativa, como um adolescente indo a um encontro às cegas. Tentei me lembrar dos muitos professores maravilhosos que tivera e esperei desenvolver algumas habilidades deles, além de sua presença autêntica.

Das duas matérias que eu iria ensinar naquele semestre, uma tinha sido a mais inspiradora para mim quando eu era aluno: Introdução à Meditação Budista. Não queria que a aula fosse apenas teórica; queria dar aos alunos a oportunidade de experimentar a meditação de verdade, por conta própria. Eu esperava que, no futuro, mesmo depois de formados, eles se voltassem à meditação quando confrontados pelas dificuldades da vida. Achava que o melhor presente que podia dar aos meus alunos era a capacidade de observar a própria mente de maneira objetiva e de não se perder na constante mudança de seus pensamentos e suas emoções.

Ainda me lembro da primeira aula como se fosse ontem. Antes de entrar na sala, eu estava preocupado com o que iria dizer e como o diria. Mas acabei falando de forma apaixonada sobre algo que no budismo chamamos de "afinidade cármica". Contei aos alunos que, de acordo com os ensinamentos budistas, nosso encontro naquele dia não era fruto de mero acaso, mas o resultado de nosso encontro em incontáveis vidas passadas. Também disse que, como o tempo que passaríamos juntos era uma ocorrência tão rara e preciosa, deveríamos nos esforçar para ter um semestre produtivo. Como muitos deles eram calouros, se mostravam bastante sinceros e pareciam ter grandes expectativas para a faculdade. A turma tinha 25 alunos, então não foi difícil aprender o nome de todos, e tive a chance de conversar brevemente com cada um. Descobri por que tinham escolhido aquela disciplina e o que esperavam aprender. Gostei de todos e prometi a mim mesmo que iria dedicar tempo e energia para a formação deles.

Meu entusiasmo ficou ainda mais evidente quando as aulas começaram. Eu passava mais dever de casa do que os outros professores pois sentia a urgência de ensinar o máximo que pudesse. Quando recebia os trabalhos, avaliava-os com cuidado e o mais rápido possível. Além disso, pedi aos alunos que praticassem meditação todos os dias e relatassem a experiência em um diário. Enquanto outros professores convidavam os alunos para um jantar no fim do semestre, eu marcava vários encontros com eles, inclusive um piquenique num mosteiro budista. Certa vez até pedi que me encontrassem numa igreja local para assistirem a uma palestra de um proeminente mestre americano de meditação vipassana.

À medida que o semestre avançava, comecei a perceber que meu entusiasmo estava criando alguns problemas. Eu achava que se fizesse tudo o que pudesse para ensinar aos alunos, eles também dariam o melhor de si para tentar acompanhar. A maioria parecia sentir gratidão por todas as experiências que eu lhes proporcionava, mas alguns pareciam cansados e estavam perdendo o interesse. Começaram a ir à aula sem fazer os deveres, alguns nem sequer terminavam as leituras. Vários declararam de forma insolente que, como a visita ao mosteiro e à igreja eram extracurriculares, não tinham a obrigação de comparecer. Comecei a ficar decepcionado e magoado. Não conseguia evitar. Eu estava fazendo de tudo pelos meus alunos e eles rejeitavam a minha oferta.

Então examinei esse sentimento de decepção. Quando enxerguei a situação de forma mais clara, percebi quanto havia me comportado de modo equivocado. Essa matéria era apenas uma das quatro que os alunos estavam cursando. Apesar de o assunto ser muito importante para mim, as outras matérias eram igualmente importantes para eles. Era natural que não pudessem investir todo o tempo na minha aula, mas eu não tinha sido capaz de enxergar isso com clareza e acabara caindo na armadilha de meu desejo de ensinar.

Não importa quão eficaz um remédio seja; se você exigir que alguém o tome, pode ser que ele pareça um veneno. Minha maneira de lecionar estava se tornando venenosa para alguns alunos. Após perceber isso, modifiquei as aulas para encontrar um equilíbrio apropriado entre minha paixão por ensinar e a capacidade de aprendizagem dos estudantes. Para minha surpresa, eles notaram a diferença quase na mesma hora e começaram a reagir de forma positiva. Parei de sobrecarregá-los com meu excesso de zelo, e, pouco a pouco, eles redescobriram seu interesse pela aula. Quando isso aconteceu, notei algo que deveria ter percebido desde o início.

Quando conseguimos um trabalho pela primeira vez, sobretudo se tivermos nos preparado durante muito tempo, é fácil exagerar no entusiasmo, pois estamos ansiosos por nos colocar à prova. Na empolgação, cometemos o erro de igualar nossa própria ânsia com eficácia. Fazer bem um trabalho é mais importante do que achar que se faz um bom trabalho. É necessário ter sabedoria para perceber que essas duas coisas nem sempre estão relacionadas. Em alguns casos, nosso zelo pode nos impedir de alcançar o resultado desejado, principalmente se você não consegue enxergar as necessidades de seus colegas de trabalho para atingir o mesmo objetivo.

Só conseguimos trabalhar com os outros de forma harmoniosa e eficaz quando aprendemos a controlar esse excesso de paixão. Só assim podemos compartilhar nosso entusiasmo com os que estão à nossa volta.

A badalada de um sino só pode ser ouvida
de longe quando o
sino é tocado com força.
Sua influência não vai se expandir sem o sacrifício
de muito trabalho duro.
O mundo percebe os seus esforços mais rápido
do que você pensa.

*

É importante trabalhar duro,
mas não se apegue à sensação de trabalhar muito.
Se está inebriado por essa sensação, é porque liga
menos para o trabalho
do que para a imagem que os outros têm de você.

*

As pessoas mais perigosas
são aquelas que têm uma paixão, mas não
possuem sabedoria.

*

Se quiser prever como um político vai agir após
ganhar uma eleição,
observe a forma como ele se comporta hoje e como
viveu no passado.
Uma pessoa não vive do jeito que diz viver
e sim da forma como sempre tem vivido.

*

Historicamente, as pessoas que trazem mudanças
para a sociedade
tendem a ser não as de meia-idade, mas a
juventude apaixonada.
O coração dos jovens é sensível à
situação dos oprimidos.
Seu espírito se ergue contra a injustiça e luta por
aqueles que não têm voz.
Agarre-se a esse espírito jovem, não importa a idade
que você tenha.

*

Todo mundo é gentil com quem acabou de conhecer.
A pergunta é quanto tempo essa gentileza dura.
Não se deixe enganar por alguém que foi legal
com você apenas da primeira vez.

*

Quando quiser contratar alguém, veja além das
habilidades e da experiência
para checar se o candidato curte o trabalho que faz.
Pessoas que gostam do próprio trabalho costumam ser
mais bem-sucedidas
do que aquelas que não gostam.

*

Não importa o que façamos,
precisamos ser minuciosos.
Normalmente não dá certo quando pensamos:
"Vou deixar isso assim e consertar depois",
porque depois talvez não tenhamos a motivação
para consertar
ou nos acostumemos à forma como está.

É como se mudar e decidir fazer obras na casa
ao longo do tempo.
Mesmo após muitos anos, nunca terminamos os reparos.
Acabamos vivendo muito tempo com as coisas
do jeito que estão.

*

Alguém pensa: “Vou estudar bastante para conseguir
entrar numa boa universidade.”
Outra pessoa pensa: “Vou estudar bastante para
ensinar à minha irmã,
pois meus pais não têm dinheiro
para mandá-la à escola.”

Apesar de ambos terem a mesma determinação
para estudar com afinco,
a motivação de cada um é bem diferente.
Um compromisso de ajudar os outros pode trazer à tona
uma energia imensa de dentro de nós.
É por isso que as pessoas fazem os votos de bodisatva
para salvar todos os seres sencientes
antes de embarcar na jornada da iluminação espiritual.

*

Quando tiver que tomar uma decisão, tente avaliar
quantas pessoas se beneficiarão da sua ação.
Se ela satisfizer apenas seu ego e magoar os outros sem
necessidade, a decisão é errada.

*

Seja o tipo de pessoa que consegue se colocar
no lugar dos outros
e entenda as coisas não apenas pela sua
própria perspectiva,
mas pelo ponto de vista do outro também.

*

Está tentando se aproximar de alguém?
É porque quer algo dessa pessoa?
Se quer mesmo estar perto dela, descarte
os outros motivos.
Quando se é genuinamente gentil, sem
segundas intenções,
os outros se abrem para você com mais facilidade.

*

Algumas pessoas são generosas e bondosas com aquelas
que estão fora de seu círculo
e, ao mesmo tempo, negligenciam as necessidades das
que estão dentro dele.
É um erro deixar de valorizar os familiares e
colegas próximos.
Quando os mais íntimos se sentem ignorados e traídos,
tudo o que vocês construíram pode desabar
num instante.

*

Para nós, uma grande rocha é um exemplo
de como se manter verdadeiro e não vacilar
mesmo quando as ondas de elogios ou críticas vêm
em nossa direção.

O importante não é ter razão; é estarmos felizes juntos

Todos nós temos crenças, valores e pensamentos que consideramos fundamentais, dos quais não podemos imaginar abrir mão. Acreditamos que são ideias irrefutáveis, com as quais todos concordariam se fossem sensatos. Mas de vez em quando precisamos estar perto de pessoas que não compartilham das nossas convicções.

Podemos entrar em conflito por causa de visões políticas, crenças religiosas ou valores pessoais. Se a conversa entra no território da discordância, logo se transforma em discussão. Ninguém sente que está sendo ouvido nem respeitado, e o que resta é raiva, confusão e mágoa.

Precisamos nos perguntar se valeu a pena fazer o outro se sentir infeliz ou magoado em nome da defesa de nossas crenças. Em vez de manter a santidade de nossos valores, não deveríamos nos importar mais com a pessoa sentada diante de nós?

Não é melhor estarmos felizes juntos do que com razão e sozinhos?

Tentar convencer alguém a adotar nosso ponto de vista é obra de nosso ego. E mesmo que no fim estejamos certos, o ego nunca estará satisfeito, e irá buscar uma nova discussão para se meter.

A maturidade vem com a experiência. Uma lição de maturidade é que devemos aprender a não levar nossos pensamentos tão a sério e a moderar nosso ego para enxergar o panorama mais amplo.

Estar certo não é nem de longe tão importante quanto ser feliz com alguém.

Em vez de ser a pessoa mais inteligente do recinto,
mais rápida a criticar os outros,
seja o amigo caloroso, que reúne as pessoas e
compartilha as coisas.
Seja o vizinho sensível, capaz de sentir o
sofrimento dos outros.

*

Se quero convencer alguém,
primeiro escuto a pessoa com atenção e tento entendê-la.
Mesmo que eu esteja certo, ela não vai se convencer
a menos que se sinta ouvida e respeitada.

*

Muitos conflitos da vida podem ser resolvidos
se nos colocarmos no lugar do outro.
Tente enxergar as coisas sob outro ponto de vista.
Se você só considera seu lado,
não é diferente de uma criança.

*

Se você ficou com raiva ao debater o que é
certo ou errado,
a sua voz irada acabou admitindo a derrota.

*

Criticar é fácil.
Mas quando o crítico tenta se encarregar das coisas,
logo entende que nada é tão fácil quanto fazer críticas.
Criticar sem apresentar solução só serve para
inflar o ego do crítico.

*

Quando ouvir algo que faça seu sangue ferver,
não dispare uma mensagem de texto
ou um e-mail logo em seguida.
Uma pessoa sábia deixa a questão para o dia seguinte.
Reações emocionais instantâneas costumam levar
a resultados lamentáveis.

*

É fácil fazer as pessoas se sentirem especiais.
Normalmente elas preferem falar a ouvir.
Faça muitas perguntas e escute com genuíno interesse.
Elas vão se sentir lisonjeadas pela atenção
e até mesmo gostar de você.

*

Os poderosos costumam estar rodeados de pessoas
que só dizem sim,
ajudando o chefe a se sentir importante e excepcional.
Se as pessoas à sua volta sempre concordam com você,
é provável que sejam oportunistas, não
companheiros leais.

*

Quando alguma pergunta tem tanto uma resposta
longa, complicada e lógica
quanto uma resposta simples, que pode ser entendida
até por uma criança,
a certa costuma ser a mais simples.

*

Quando você faz uma pergunta
e não há resposta,
aí reside a sua resposta.

*

Há apenas aqueles que conhecem os próprios defeitos
e os que não os conhecem.
Ninguém é perfeito.
Todo mundo tem defeitos.

*

Se alguém lhe parece perfeito,
é porque você não conhece essa pessoa muito bem.

*

"Não tente deixar perfeito. Em vez disso,
deixe interessante!"

– Conselho de um designer de interiores

*

Você quer ser feliz
ou quer parecer feliz?
Não ligue para o que o mundo diz que você
deveria fazer para ser feliz.
Seja verdadeiro consigo mesmo e descubra
o que quer de verdade.

*

Escolha a felicidade, não o sucesso, como
sua meta de vida.
Se você for bem-sucedido e infeliz, qual será o sentido?

*

Existem aqueles que querem ser bem-sucedidos
para poderem mostrar a quem os subestimou
que são capazes.
Mas o que acontece depois que se alcança o sucesso?
O que fazer depois de provar que eles estavam errados?
Se quer mesmo ser bem-sucedido,
não use os outros como motivação.

*

Elogios significativos são aqueles que vêm de
pessoas da sua área de atuação.
Eles valem dez ou mais elogios de pessoas
de fora da sua área.

*

Profissionais têm talentos e áreas de especialidade.
Se um cliente tenta controlar e monitorar
todos os detalhes,
o profissional não trabalha com capacidade total
e se sente inibido.
Se você quer o melhor resultado, assista com atenção,
mas saiba quando sair de cena.

*

Um médico, um advogado ou um contador veteranos
não necessariamente serão melhores
que o profissional jovem e apaixonado que só está
no mercado há poucos anos.
A quantidade de atenção que o cliente recebe
em geral é mais importante
que uma carreira ilustre.

*

Após dominar dezoito níveis de kung fu,
você é capaz de machucar alguém com o simples
movimento de um dedo.
Mas se continuar e dominar todos os 36 níveis,
escolherá se retirar quando o fraco tolamente
quiser brigar.

*

Você está progredindo?
Está se saindo bem?
Então veja se está sendo bem-sucedido
às custas dos outros
ou junto com eles.
Se você colocar os outros de lado no caminho
para o sucesso,
será engolido quando a maré mudar.

CAPÍTULO 4

Relacionamentos

A arte de manter um bom relacionamento

Muitos de nós investimos tempo e dinheiro para ter uma casa boa, um carro chique e uma aparência jovem e bonita. Mas quanto investimos nas coisas intangíveis, como bons relacionamentos? Se tivermos a sorte de estar cercados por familiares e amigos que nos amam por quem somos e se preocupam de modo genuíno com o nosso bem-estar, nos sentiremos seguros e emocionalmente estáveis mesmo diante de desafios. Por outro lado, podemos ter a casa dos sonhos, um carro luxuoso e o corpo que desejamos, mas continuaremos infelizes se houver problemas em nossos relacionamentos. Quando esses problemas persistem sem solução à vista, ficamos deprimidos e desesperançosos. Se a felicidade é o que queremos alcançar na vida, será que não deveríamos nos esforçar mais para cultivar bons relacionamentos com as pessoas à nossa volta?

Quando eu tinha 20 e poucos anos, fui fazer um mochilão de duas semanas pela Europa com um amigo que conheci no mosteiro. Estávamos muito alegres quando desembarcamos em Roma. Nós nos conhecíamos havia dois anos e nos dávamos muito bem. Eu gostava do senso de humor e da natureza calorosa dele; meu amigo gostava do meu espírito aventureiro e do meu otimismo. Como ele não falava inglês muito bem, eu me senti obrigado a estar sempre perto dele. Depois dos primeiros sete dias passando cada momento juntos, acabou o assunto e ficamos irritadiços. Não foi por qualquer problema efetivo em nossa amizade; apenas ansiávamos por um tempo sozinhos. Por isso, na manhã seguinte sugeri que tomássemos caminhos diferentes e nos encontrássemos só à noite. Meu amigo gostou da ideia.

Ao sair do albergue, me senti livre – eu sabia que poderia fazer qualquer atividade naquele dia; não precisava negociar com o meu amigo para decidir aonde ir primeiro e o que ver em seguida. Mas à medida que a manhã se transformou em tarde, comecei a me lembrar das vantagens de viajar com um amigo. Quando eu queria ir ao banheiro, não tinha com quem deixar minha mochila. Comer sozinho não tinha graça; parecia mais uma tarefa do que um momento para curtir e relaxar. Não tirei nenhuma foto de mim mesmo nesse dia porque não queria incomodar estranhos. Quando encontrava algo bonito, como uma obra de arte famosa, eu não ficava tão emocionado porque não tinha com quem compartilhar meu entusiasmo. No fim do dia, de volta ao albergue, fiquei felicíssimo em ver meu amigo. Durante o jantar tivemos muito assunto na hora de contar como tinha sido o nosso dia.

Depois dessa experiência, percebi que a arte de manter um bom relacionamento pode ser comparada a sentar-se diante da lareira. Se nos sentamos bem perto durante muito tempo, ficamos com calor e podemos nos queimar. Se nos sentamos muito longe, não sentimos o calor. Da mesma forma, não importa se você se dá muito bem com alguém. Se ficarmos muito próximos sem construir um espaço pessoal, logo nos sentiremos presos e esgotados; e então é fácil deixar de valorizar o relacionamento e se ressentir pela falta de privacidade e independência. Por outro lado, se não fizermos nenhum esforço para estar em contato com amigos e familiares, não sentiremos o calor de seu amor. O segredo é encontrar um equilíbrio.

HÁ UMA HISTÓRIA coreana que traz outra boa lição sobre relacionamentos. Ela fala de um homem chamado Maeng Sa-seong (1360–1438), membro da classe dos literatos durante a dinastia Joseon. Ele era famoso por sua inteligência: aos 19 anos, recebeu as notas mais altas no exame do serviço civil ao Estado, tornando-se magistrado de uma província aos 20. Porém o sucesso logo o tornou arrogante e vaidoso. Certo dia, Maeng foi visitar um eminente mestre zen-budista e lhe perguntou:

– O que eu devo ter em mente na hora de governar este povoado?

– Você só precisa evitar o mal e fazer o bem a muitas pessoas – respondeu o mestre educadamente.

– Até uma criança sabe disso. Isso é tudo que tem a me dizer? – rebateu Maeng, irritado.

Quando o jovem se levantou para partir, o mestre insistiu que ele ficasse um pouco mais. Depois de fazer chá, encheu a xícara de Maeng, mas não parou quando ela já estava cheia. Perplexo, Maeng perguntou o que ele estava fazendo.

– Você parece saber que chá demais vai estragar o piso, mas como pode não saber que conhecimento demais vai estragar o seu caráter? – respondeu o mestre.

Encabulado, Maeng se levantou apressado e foi em direção à porta para sair, mas, em sua agitação, bateu com a cabeça no batente. O mestre o advertiu com delicadeza:

– Se você baixar a cabeça, não vai esbarrar em problemas.

Como podemos ver, o orgulho em excesso pode ser uma fonte de conflito. Se tratarmos as pessoas com humildade e respeito, conseguiremos evitar esses embates. Nosso orgulho frequentemente nos encoraja a partir para uma batalha de egos. Brigamos para saber quem está certo e quem está errado – e isso acaba causando apenas dor física e emocional. Algumas pessoas arrastam até mesmo familiares e amigos para o conflito e criam ainda mais confusão e má vontade desnecessárias. Se alguém chega para mim e diz: "Vamos ver qual religião está certa", primeiro escuto com respeito para em seguida dizer: "Obrigado por me apresentar alguns aspectos da sua religião que eu não conhecia. Agradeço." Se eu entrasse numa discussão para ganhá-la, o único resultado possível é que alguém sairia magoado. E, mesmo que eu ganhasse, que bem viria daí? A outra pessoa apenas se sentiria derrotada.

Todo mundo cresceu em ambientes diferentes uns dos outros. Nossas experiências são variadas, assim como nossas personalidades, nossos hábitos, valores e pensamentos. Em meio a pessoas tão diversas, não é fácil viver em sociedade e tentar construir relacionamentos. De acordo com a escritura budista *O tratado sobre o Samadhi rei dos tesouros*: "Não espere que os outros façam tudo do seu jeito. Quando as coisas sempre saem do jeito que você quer, é fácil se tornar arrogante." À medida que passamos por adversidades na vida, amadurecemos e nos tornamos mais compreensivos. Apenas lembre que aquela pessoa que dificulta a sua vida hoje pode ser um mestre disfarçado, enviado com a tarefa de ajudá-lo em seu crescimento espiritual.

Você costuma se sentir solitário no trabalho
ou na escola/universidade?
Talvez o seu coração esteja fechado para
as pessoas à sua volta.
"Eu não a entendo."
"Sou melhor do que ela."
"Estamos em sintonias diferentes."
Se você pensa desse jeito, como poderia não
estar solitário?
Abra seu coração, tome um café com essa pessoa.
Logo vai perceber que ela não é muito diferente de você.

*

Quando você se abre sobre seus sofrimentos
e suas mágoas,
eu sinto gratidão por você ter me procurado
em busca de apoio.
É como se tivéssemos um encontro na câmara
mais sagrada do seu coração.

*

Os políticos sempre dizem o que queremos escutar.
Mas o que dizem nem sempre nos toca –
porque suas palavras vêm da mente, não do coração.

Fale a partir do coração, que é mais delicado,
simples e verdadeiro.
As pessoas vão entendê-lo e gostar de você.

*

Se você acha que é superior ou inferior a alguém,
uma parede se ergue entre vocês.
Trate o outro como um velho amigo que você
não vê há algum tempo.
Quando você baixar a guarda, ele fará o mesmo.

*

O último sushi a ser cortado, com o recheio saindo,
costuma ser mais gostoso que um pedaço do meio,
cortado com perfeição.
Uma pessoa engomada e arrumadinha pode passar
a impressão de ser fria e distante,
ao passo que um cara comum e despretensioso parece
ser mais genuíno e atraente.

*

Sabe por que aquela conversa é tão chata?
Porque estamos presos à boa educação, incapazes de falar a partir do coração.
Qualquer conversa pode se tornar vívida e interessante se começarmos a falar com sinceridade.

*

Quando alguém xingar você,
mantenha-se calmo e controlado durante trinta segundos.
E então isso é tudo.
Mas se você contra-atacar e perguntar:
"Qual é o seu problema?",
terá que passar ainda mais tempo com essa pessoa infeliz.

*

As pessoas dizem coisas que nos magoam porque
elas mesmas estão magoadas.
Quando encontrar alguém que seja irritadiço e maldoso,
pense em que situação terrível ele deve estar.
Se ele for demais para você ou não houver
tempo para isso,
apenas sussurre "Deus o abençoe" e siga em frente.

*

Quando criticar alguém, veja se está
fazendo isso por inveja.
A sua crítica revela mais sobre a sua personalidade
do que você pensa.
Mesmo que esteja certo, as pessoas vão
achá-lo desagradável.

*

Se quiser se comunicar de forma efetiva com os outros,
é melhor descrever o que está sentindo do que
partir para a ofensiva.
Por exemplo, diga: "Estou muito triste de ouvir isso"
e não: "Por que você sempre me deixa triste?"
Você quer que as pessoas o escutem, não que tenham
que se defender de você.

*

Quando ficar decepcionado, não espere muito
para dizer algo.
Quando guarda os sentimentos para si,
o rio da emoção se avoluma,
tornando mais difícil atravessá-lo e falar com calma.

*

Você tem muitos inimigos?
Então seja humilde e pare de falar mal das pessoas.
Aqueles que não fazem inimigos são mais poderosos
do que aqueles que têm força para lutar
contra todos e vencer.

*

O ruído da motocicleta
perturba mais o piloto do que os outros.
O piloto só poderá culpar a si mesmo
quando ficar mais velho e não conseguir escutar direito.

Quando fala mal das pessoas,
isso machuca mais você do que os outros –
porque a sua negatividade é mais ruidosa
dentro de você.

*

Não importa quão magoado você esteja,
não é preciso ter a última palavra.
A última palavra pode destruir até as boas lembranças.
Apesar de as coisas terem mudado,
é mesmo necessário descartar todas as lembranças,
sobretudo as felizes?

*

Quando estamos cegos de raiva, fazemos escolhas
de que nos arrependemos depois.
Deixar o recinto antes de perder o controle é
um sinal de maturidade.

*

A melhor forma de ficar quite com alguém
que abandonou você
é conhecer outra pessoa e ser feliz de novo.
Planejar vingança e continuar com ciúme
depois de muitos anos
é uma receita de infelicidade sem fim.

*

Ele fala mal dela pelas costas.
Ela, sem saber de nada, se aproxima dele
e lhe diz as palavras mais generosas.
A melhor vingança é o amor.

*

Mesmo a música mais bonita uma hora cansa
se eu ouvi-la constantemente.
Mas se eu volto a escutá-la depois de um tempo,
ela se torna maravilhosa outra vez.
O problema não é a música, mas meu
relacionamento com ela.

Mesmo minha melhor amiga se torna irritante se eu
ficar ao lado dela por muito tempo.
Mas se eu volto a vê-la depois de um tempo, ela se
torna maravilhosa outra vez.
O problema não é a pessoa, mas meu
relacionamento com ela.

*

Há um ditado numa antiga escritura budista:
"Papel enrolado em incenso tem cheiro de incenso,
um fio de amarrar peixes tem cheiro de peixe."
Quer gostemos disso ou não,
somos naturalmente influenciados pelo ambiente.
Pergunte-se: "Eu quero seguir o exemplo de quem?
Essa pessoa está próxima fisicamente ou mentalmente?"

*

Se ajudamos alguém esperando receber algo em troca,
isso não é dar; é emprestar.
A verdadeira dádiva não espera nada em troca.
Isso também significa que abrimos mão do controle
sobre o que damos.

*

Quando a conversa se voltar para os defeitos de alguém,
tente não participar e delicadamente mude de assunto.
Quando falamos demais, é fácil falar mal dos outros.
Então, se estiver se sentindo falante,
apenas preste atenção.

*

Quando lhe pedirem para fazer algo,
determine se é capaz.
Se não for, recuse o mais rápido possível,
da mesma forma que devolveria um prato errado
num restaurante.
Se não mandá-lo de volta na mesma hora,
terá que pagar por ele.

*

Há uma razão para que as pessoas queiram estar
por perto de certos indivíduos.
Eles são calorosos, acolhedores e benevolentes.
São generosos com seu tempo, seu dinheiro
e seus elogios.

Se você tentar liderar pessoas só reafirmando
regras e princípios,
elas vão abandoná-lo, uma a uma.
Um bom líder sabe disso e tenta cultivar as virtudes.

*

De acordo com o sábio confuciano
Chŏng Yag-yong (1762–1836):
"A melhor forma de esconder sua riqueza é distribuí-la.
Se você for generoso com a sua riqueza,
o dinheiro que mais cedo ou mais tarde
teria desaparecido
se tornará uma joia eterna, profundamente marcada
no coração de quem a recebeu."

*

O ar que inspiro entra em meu corpo e se torna
parte de mim.
O ar que expiro entra em outra pessoa e
se torna parte dela.

Só de olhar a forma como o ar se desloca,
é possível notar que estamos todos conectados
uns aos outros,
não apenas de modo figurado, mas também literal.

*

"Goste disso ou não, estamos todos conectados,
e é impensável ser feliz completamente sozinho."
– Sua Santidade, o Dalai Lama

*

O Universo inteiro está contido num pedaço de maçã
dentro de uma lancheira:
macieira, luz do sol, nuvens, chuva, terra, ar,
suor do agricultor,
caminhão de entrega, gasolina, mercado, dinheiro,
sorriso do caixa,
geladeira, faca, tábua de corte, amor de mãe –
tudo está ali.
Tudo no Universo inteiro depende das outras coisas.
Agora pense no que existe em você.
O Universo inteiro está em nós.

A jornada do perdão

A pessoa que o traiu e partiu, a que roubou de você e desapareceu, aquela que o apunhalou pelas costas e agiu como se nada tivesse acontecido – perdoe-as.

Não por elas, mas por si mesmo – verdadeira e completamente por você. Não porque elas mereçam seu perdão nem porque são apenas humanas.

Perdoe-as.

Para você poder ser livre. Para poder ser feliz. Para poder seguir vivendo.

Não será fácil e parecerá injusto. Uma repentina torrente de raiva pode passar por você. Lágrimas de amargura podem rolar pelo seu rosto. Permita que esses sentimentos venham à tona e deixe que existam. Trate-os com bondade, com o seu coração compassivo.

Após honrar suas lágrimas, pergunte-se com delicadeza: "Será que eu quero continuar carregando esse ressentimento no meu coração? Será que eu quero viver como vítima para sempre?"

Quando estiver pronto, reúna coragem e tome uma decisão. Embora seu coração não vá dar ouvidos à sua mente, decida perdoar e se livrar das amarras emocionais.

E então revisite seus sentimentos de raiva e amargura. Permita que se expressem. Como esses sentimentos se manifestam no seu corpo? Eles se tornam músculos tensos, um coração acelerado, rubor nas faces? Eles vêm à tona como uma respiração curta, uma pressão no peito?

Deixe as ondas de sensações surgirem e recuarem. Preste atenção às sensações se movendo pelo seu corpo.

Quando as ondas se acalmarem um pouco, olhe profundamente e veja o que está por trás delas. Há emoções escondidas embaixo da raiva e da amargura?

Você vê medo, vergonha, tristeza? Há alguma solidão ou insegurança? Em vez de se afogar nesses sentimentos, observe-os.

À medida que seu coração se tornar mais generoso e aberto, volte sua atenção para o agressor. Será que você é capaz de olhar por baixo da máscara dele e sentir o que está por trás de tanta violência e desonestidade?

Você é capaz de sentir nele o medo, a insegurança e a sensação de falta de valor? É capaz de sentir a solidão e a vergonha por baixo da superfície? Em vez de se entregar ao agressor, observe-o com compaixão.

Dentro de nós há uma montanha íngreme de medo e um rio profundo de tristeza. Mas também há o olhar compassivo que testemunha nossa paisagem interior. Que você encontre a sua testemunha interior, sua fonte de liberdade e cura.

Quando odiamos alguém,
pensamos muito nessa pessoa.
Incapazes de deixá-la ir,
pouco a pouco começamos a agir como ela.

Não deixe que ela se torne uma inquilina em seu
coração por muito tempo.
Despeje-a agora mesmo, com uma ordem de perdão.

*

Será que a pessoa que você odeia
merece ser carregada por aí em seu interior?
Guarde em seu coração apenas aqueles que você ama.
Se carregar por aí as pessoas que odeia,
isso vai lhe causar apenas angústia e depressão.

*

Em seus relacionamentos,
presuma que você vai dar mais que receber.
Nós nos lembramos muito bem do que fizemos
pelos outros,
mas nos esquecemos com facilidade do que
fizeram por nós.
Mesmo que você pense que lhe devem pouco,
é provável que tenha recebido quase o mesmo que deu.

*

Quando sabem que sou monge,
algumas pessoas juntam as palmas das mãos
em saudação,
e eu involuntariamente faço o mesmo.
Algumas acenam com a cabeça,
e eu involuntariamente faço o mesmo.

Os seres humanos são como espelhos:
refletimos uns aos outros.

Quando uma pessoa sábia quer algo dos outros,
primeiro ela faz o que espera deles,
dando o exemplo, em vez de pedir.

*

Se você quer que um amigo se lembre do seu aniversário,
lembre-se do dele primeiro.
Se quer que o seu marido lhe faça uma massagem,
faça uma massagem nele primeiro.
Se quer que seus filhos vejam menos TV,
desligue a sua TV primeiro.

Não fique esperando as coisas acontecerem.
Tome a iniciativa.

*

O homem sábio abaixa a cabeça
quando alguém tenta golpeá-lo.
Se ele tentar golpear de volta,
será visto como agressor e não poderá ganhar
o coração das pessoas.
Apesar de parecer injusto,
deixar de reagir em um momento de raiva
demonstra verdadeiro caráter.

*

As pessoas ficam emburradas por uma
questão emocional banal
e deixam para atacar o outro mais tarde,
com um pretexto que parece lógico, mas que na verdade
não tem relação com aquela questão de antes.

*

Quando você se diminui, o mundo o eleva.
Quando você se eleva, o mundo o diminui.
Quando chegar ao topo da iluminação,
você vai entender:
que está na mesma altura do seu vizinho.
No topo, você vê a santidade de todo mundo.

*

Quando você vive entrando em conflito com alguém,
essa pode ser a forma que o mundo encontrou
de lhe pedir para se olhar mais de perto.
Quando não gostar de alguém, tente descobrir
o que de fato o desagrada;
veja se você tem um defeito parecido dentro de si.

*

O defeito que você percebe imediatamente
em alguém que acabou de conhecer
deve estar em você também.
Se não estivesse,
você não o teria percebido tão rápido.

*

Ninguém é inerentemente bom ou mau.
Apenas a circunstância em que nos encontramos
é boa ou má.
Um criminoso que por acaso impeça um carro
de me atropelar
é um anjo enviado por Deus.
Um vencedor do Nobel da Paz que por acaso me
empurre no metrô
é um babaca.

*

Numa festa com sete ou oito pessoas,
com certeza iremos encontrar uma ou duas que
gostem muito de nós
e uma ou duas que não gostam tanto assim.
Não leve para o lado pessoal; o mundo
simplesmente é assim.

*

Deixe que as pessoas tenham as próprias opiniões –
elas têm esse direito.
É quando você quer mudar a opinião alheia
que os problemas aparecem.
Isso não só é algo impossível e fútil;
é também desnecessário.
Imagine como o mundo seria chato se todo mundo
pensasse da mesma forma.
Quando você der liberdade às pessoas,
vai encontrar a sua também.

*

Qual o sentido de alguém andar por aí com
uma bolsa de alta-costura
quando falta o mesmo refinamento ao
seu comportamento?

*

Quanto mais você tenta mudar seu cônjuge,
seus filhos ou seus amigos,
mais difíceis e distantes os relacionamentos se tornam.
As pessoas não mudam com facilidade,
a menos que enfrentem grandes dificuldades ou passem
por uma experiência transformadora.

*

Certa vez um mestre budista me contou que
há dois tipos de filhos no mundo:
aqueles que nasceram para retribuir a bondade dos pais
e aqueles que nasceram apenas para tirar o que
os pais têm.

Pergunte a si mesmo:
que tipo de filho ou filha você é para os seus pais?

*

Quando pensar que o seu cônjuge não vai mudar
e ficar preocupado, sem saber como vocês vão
passar o resto da vida juntos,
pergunte a si mesmo:
será que eu sou perfeito aos olhos do meu cônjuge?

*

Quando enfrentar um problema num relacionamento,
ele nunca será resolvido
se você começar perguntando: "Por que ele
não consegue me entender?"
ou "Por que ele não faz o que eu digo?",
pois essa abordagem envolve uma cobrança.

Em vez disso, comece perguntando:
"O que o faz se sentir infeliz e incompreendido?"
ou "Que experiência do passado está fazendo com
que ele reaja dessa forma?".
Quando você tem a intenção de entender o outro,
seu coração se liberta da prisão dos seus pontos de vista
e se abre para a dor do outro.

*

As pessoas que ignoram as outras com facilidade
agem assim
porque têm medo de ser ignoradas.

*

Por que você não confia naquele amigo?
Você sabe muito bem
que também é capaz de mentir
em circunstâncias semelhantes.

*

O que nos torna verdadeiramente felizes
é conhecer alguém que nos aceite como somos.
Mesmo quando somos bem-sucedidos,
podemos nos sentir inadequados e inseguros
se formos levados a crer que há algo de errado conosco.

*

De acordo com alguns psicólogos,
a felicidade pode ser avaliada a partir da resposta a
duas perguntas simples.
Primeira: você encontra sentido em seu trabalho?
Segunda: você tem um bom relacionamento
com as pessoas ao seu redor?

*

Você está solitário porque está sozinho?

De acordo com o Talmude,
cada folha de grama tem um anjo para protegê-la.
Os anjos sussurram para cada uma:
"Cresça! Cresça!"

Se até uma folha de grama tem um anjo,
será que cada um de nós também não teria?
Se estiver se sentindo solitário,
pense no anjo ao seu lado
e fique grato por ter alguém cuidando de você.

*

Um mosquito está no meu quarto há dois dias
e ainda não me picou.
Está bem, vamos viver juntos.
Devemos ter alguma afinidade cármica.

*

Vivemos em meio a incontáveis relações:
família, amigos, colegas, vizinhos, etc.
A vida é boa quando esses relacionamentos são bons.
Estar feliz sozinho é algo que não dura muito.

Para pessoas espiritualizadas,
os relacionamentos são o teste final.
Mesmo que você tenha despertado para a própria natureza iluminada,
ainda há um longo caminho a seguir em sua jornada espiritual
se você não vive em harmonia com os outros.

CAPÍTULO 5

Amor

O primeiro amor

Entre nós, Mary, há um deus desconhecido.
– Khalil Gibran

Eu estava no primeiro ano do ensino médio quando conheci os livros de Khalil Gibran. Mergulhei em suas palavras sem saber quem ou de onde ele era. Eu ainda não tinha provado a doçura do amor nem a amargura da vida, mas seus poemas de amor e sua prosa espiritual me fascinaram. É provável que os poemas de Khalil Gibran tenham me colocado pela primeira vez em contato com algo indescritivelmente bonito e sagrado em mim mesmo. Quando li *O profeta* e *Jesus, o filho do homem*, senti uma profunda reverência por Jesus – e que eu tinha intimidade com ele. Essa era uma experiência nova para mim, pois até então só havia sido exposto aos ensinamentos cristãos rígidos e moralistas do bem e do mal.

Ainda mais fascinantes eram as cartas entre Gibran e Mary Haskell, sua grande amiga e parceira espiritual. Essas cartas transformaram meu coração adolescente, que ansiava por um amor verdadeiro. Durante o ensino médio, passei muitas noites lendo a poesia de Gibran. Ainda lembro como ele descrevia seu amor com esta frase simples e elegante:

Demonstrações de amor são pequenas em comparação com o que há de grandioso escondido por trás delas.

O espírito delicado e a linguagem de Gibran me comoveram profundamente. Mesmo que eu nunca tivesse me apaixonado, suas palavras se fincaram em meu coração como se eu mesmo estivesse tendo aquela experiência.

Quando o amor acenar para você, vá atrás dele,
Mesmo que as maneiras dele sejam duras e ásperas.
E quando as asas dele envolverem você, dê-lhe passagem,
Mesmo que as espadas escondidas entre as plumas dele possam feri-lo.

Prometi a mim mesmo que, quando o amor me encontrasse, eu também iria me entregar por inteiro, sem calcular riscos nem ter medo, mesmo que uma dor profunda estivesse à espreita por trás do sentimento. Mas, como todos sabem, o amor não chega apenas porque você quer ou acha que está preparado. Na verdade, a natureza do amor parece ser elusiva: quanto mais você tenta capturá-la, mais afastada ela permanece.

Poucos anos depois, acordei pela manhã e percebi que o tão esperado amor enfim havia me encontrado. Foi como se um hóspede inesperado tivesse entrado direto no meu coração, sem se importar se eu queria ou estava pronto. É constrangedor para um monge falar de seu primeiro amor, mas ela era uma missionária americana que eu conhecera por acaso nas ruas de Seul. Eu me interessava por religião e espiritualidade, então tínhamos muito o que conversar. Ela ensinava inglês para mim e meus amigos, e nós a ajudávamos a aprender coreano. Apesar de ser muitos anos mais velha que eu, compartilhávamos vários interesses além da religião e dos idiomas. Nós dois gostávamos das músicas de George Winston, dos filmes de Luc Besson e de musicais como *Os miseráveis*. Eu gravava fitas para ela e ela fazia cookies e tortas para mim. Embora quase nunca tivéssemos a chance de ficar a sós, eu ansiava por vê-la, mesmo que fosse numa sala de aula. Logo me dei conta de que não era apenas uma paixão adolescente; era amor.

Mas será que esse amor poderia se tornar realidade? Ele estava fadado a ser unilateral. Para ela, eu era apenas um aluno do ensino médio. Ela voltaria para os Estados Unidos dali a seis meses, de volta para o namorado de longa data. Aquilo claramente não iria funcionar, mas não havia nada que eu pudesse fazer em relação ao que estava sentindo. Quando o amor encontra você, ele o consome; o resto perde importância. Meus pensamentos se atinham a ela durante todo o dia e meu coração estava aberto e vulnerável. Tudo parecia mais vívido e repleto de significado. Eu me sentia muito feliz quando pensava nela, como se estivéssemos voando juntos para o pico mais alto do mundo. Mas, à medida que a data de sua volta para casa se aproximava, também passei a sentir uma tristeza insuportável. Eu estava bastante feliz e, ao mesmo tempo, numa dor aguda.

Duas semanas antes de ela partir para os Estados Unidos, senti meu egoísmo se dissipar aos poucos. Nada além dela importava. Era como se eu estivesse desaparecendo, deixando apenas ela no mundo – como se tudo no mundo viesse dela. Foi então que enfim entendi o que Gibran quis dizer quando escreveu que havia um deus desconhecido entre ele e Mary. O amor pareceu sagrado e misterioso, como a obra de um deus muito mais poderoso e significativo que qualquer um de nós. As palavras de Gibran ganharam um novo sentido. O mundo inteiro pareceu bem diferente para mim.

Três anos depois de ter deixado a Coreia, ela me escreveu para anunciar seu casamento. Enfim iria se casar com o namorado. Àquela altura eu estava na faculdade, na Califórnia; queria pegar um avião rumo ao sul do país para parabenizá-la. Mas não tinha tempo nem dinheiro. Apesar disso, o que realmente fez com que eu não comparecesse ao evento foi o medo de que vê-la se casar pudesse ser doloroso demais. Só consegui lhe enviar uma carta desejando tudo de bom e um pequeno presente. Dois anos depois, me formei na faculdade e decidi atravessar o país de carro com um amigo. Quando passamos pela cidade dela, lhe telefonei e lhe perguntei se gostaria de tomar um café comigo. Ela ficou feliz de me ver e conversamos sobre o tempo que tínhamos passado juntos na Coreia. O marido a acompanhou e me tratou de forma calorosa. Ele é uma pessoa generosa, assim como a esposa.

DEPOIS DA FACULDADE, morei em Cambridge, Massachusetts, onde cursei o mestrado. Com frequência, visitava o bairro South End, em Boston, onde a família de Gibran morou quando emigrou do Líbano no final do século XIX – quando South End era uma das maiores favelas em Boston, predominantemente povoada por imigrantes sírios e libaneses. No entanto, hoje é um bairro bonito, com edifícios de tijolos vermelhos. Gibran cresceu ali com a mãe e os irmãos e aprendeu inglês na escola. Depois se matriculou na faculdade de artes, revelando-se um talentoso artista. Sua primeira exposição foi em 1904, e Mary Haskell, que era 10 anos mais velha, foi tocada pela vocação artística de Gibran; ela se tornou sua patrocinadora pelo resto da vida. Ele lhe enviava cartas repletas de reflexões sobre o amor e a vida, e essas cartas se aninharam profundamente em meu coração adolescente e permanecem comigo até hoje.

E quando ele falar com você, acredite nele,
Mesmo que a voz dele possa destruir os seus sonhos
como o vento do norte devasta o jardim.
Pois da mesma forma que o amor coroa você, ele irá crucificá-lo.

Certo dia Mary Haskell deixou Boston e se mudou para o sul do país. Três anos depois, escreveu para Gibran informando-o de que iria se casar – assim como o meu primeiro amor fez comigo. Esse ponto em comum com Gibran fez com que eu me sentisse ainda mais próximo dele, e seus textos pareceram ainda mais especiais para mim. Hoje, quando penso em meu primeiro amor, não sinto mais tristeza. Porém, na época, fiquei com o coração partido. Esses sentimentos há muito se foram, substituídos por uma profunda gratidão. Sou muito grato ao meu primeiro amor, a Gibran e ao Universo, que me apresenta a maravilha do amor e da devoção e a sensação de estar verdadeiramente vivo, que me proporciona a experiência de um ego efêmero, um Universo de significados infinitos e um vislumbre de Deus.

Se você procurar o amor em busca do que ele
puder lhe oferecer,
ele vai se esconder.
Se pedir para o amor chegar porque agora
está preparado,
ele não vai parar na sua porta.

O amor é como um convidado que chega sem convite.
O amor virá quando ele quiser.
O amor irá embora quando você pedir muito dele.

*

Se você tentar encontrar um amor que atenda
a certos critérios,
seu novo amor também poderá fazer certas
exigências a você.
Livre-se rápido das exigências quando o amor
bater à sua porta.

*

O amor é caloroso e libertador.
É inocente, como uma criança
sem segundas intenções.

*

Para determinar quão próximos somos de alguém,
basta perguntar:
"Posso agir como uma criança na frente dessa pessoa?"
Quando amamos alguém, nos sentimos como uma
pequena criança em nosso coração.

*

Quando comecei a procurar meu primeiro
emprego como professor,
pensei que o trabalho seria parecido com um encontro.
Eu podia gostar dele, mas ele não gostar de mim.
Ou ele podia gostar de mim, e eu não gostar dele.

*

Para cozinhar algo delicioso,
você precisa de tempo para marinar os ingredientes.
Para construir um relacionamento duradouro,
você precisa de tempo para que a confiança
se desenvolva.

*

Quando estiver saindo com alguém,
modere seu entusiasmo.
Você pode perguntar: "O que há de errado em expressar
meus verdadeiros sentimentos?
Por que não posso dar a ela um presente e dizer
que a amo?"
Suas palavras e seus presentes vão significar mais
quando ela estiver pronta.
Ame a pessoa, não os próprios sentimentos.

*

O amor precisa ser equilibrado.
Se você gosta mais de uma pessoa do que ela de você,
dê-lhe tempo e espaço para que ela o alcance.
É importante refrear suas emoções
quando seus sentimentos não estiverem em
equilíbrio com os dela.

*

"Haemin Sunim, eu fico muito chateada com ele.
Primeiro pensei que fosse porque eu não gostava dele.
Mas então percebi que era porque ele não
estava interessado em mim."
Raiva sem razão pode ser a expressão de uma paixão.

*

Na época do ensino fundamental
conheci uma garota alta que zombava de mim.
Mais tarde descobri que ela fazia isso para
chamar minha atenção.
Esse foi meu primeiro contato com as complexidades
da psicologia humana.

*

Uma das piores sensações é acreditar
que você não é importante.
Olhe à sua volta.
Será que você ignorou alguém
de propósito ou intencionalmente?

*

Apenas quando estamos magoados
pensamos em alguém
que nós mesmos magoamos
e sentimos um grande remorso.

*

O fim de um relacionamento revela
nosso verdadeiro caráter.
Distancie-se apenas um passo da teimosia e da raiva.
Esse único passo é mais significativo que dez
passos quando está tudo bem.
Ele vai diminuir a sua dor e resgatar você da insanidade.

*

O coração é mais lento que a mente.
A mente sabe que vocês devem se separar,
mas seu coração, não.
Isso é porque seus sentimentos estão abrigados
bem fundo no seu coração.

Um dia, após muitas decepções,
seu parceiro dá o golpe final,
e a luz enfim se apaga em seu coração.

*

Castanhas de gingko biloba caídas são como
um relacionamento que não deu certo.
Tão adoráveis quando pendem da árvore,
emitem um fedor quando são esmagadas por nossos pés.
Seja tão delicado ao terminar um relacionamento
quanto foi ao começá-lo.

*

Prova de ter amado de verdade:
Você não fala mal do seu ex
mesmo depois que o relacionamento terminou.

*

Às vezes, depois que um relacionamento acaba,
você se pega pensando:
"Espero que ela esteja feliz", sem amargura.
Esse é um sinal de que você seguiu em frente.

*

A dor causada por uma pessoa pode ser
curada por outra.
Mas antes de sair e conhecer alguém,
certifique-se de se dar o tempo necessário para
estar inteiro outra vez.
Ou você pode acabar usando a pessoa que está
prestes a conhecer.

*

Um relacionamento excepcional não é
o que tem um bom início,
mas o que tem um bom desfecho.
Os relacionamentos costumam começar por acaso,
mas, quando se trata de terminá-los,
normalmente temos escolhas.
Escolha o desfecho com sabedoria.

Eu adoro o fato de você ser uma pessoa comum

Após a minha palestra, você se aproximou timidamente, com uma garrafa de leite de soja morno nas mãos, e disse com delicadeza: "Sunim, sinto muito por só poder lhe oferecer isto." Depois de me entregar a garrafa e um bilhete, você desapareceu em meio à multidão.

Quando li seu bilhete, fiquei profundamente tocado: "Obrigado do fundo do coração por me escutar e oferecer seus conselhos para uma pessoa tão comum e insignificante como eu."

Com o calor da garrafa ainda em minhas mãos, lamentei ter perdido a oportunidade de falar mais com você. E como é provável que nunca mais nos encontremos, decidi lhe escrever por aqui, esperando que, de alguma forma, esta mensagem chegue até você.

Quero que saiba que adoro o fato de você ser uma pessoa comum, porque eu também sou. A verdade é que todos somos pessoas comuns.

Não importa quão famoso ou bonito alguém seja, não importa quanto dinheiro tenha, quantas conquistas maravilhosas tenha alcançado: todos compartilhamos nossa cota de percalços, mágoas e perdas. Temos que enfrentar desafios sobre os quais não temos controle. A solidão e o medo da morte vão nos acompanhar até nossos últimos dias. Todo mundo está na mesma jornada traiçoeira da glória maculada da vida.

Logo, eu amo você, você que parou timidamente à minha frente, murmurando baixinho que é uma pessoa comum, oferecendo a garrafa morna do seu coração.

Sem amor,
nossa vida passaria
num piscar de olhos.
O amor tem o poder de parar o mundo
por um momento.

*

O amor faz o mundo parecer bonito.
Quando há amor, há beleza.

Quando o amor em sua vida estiver secando,
procure a beleza à sua volta.
É aí que o amor pode ser encontrado.

*

Você é lindo,
não porque seja melhor que os outros,
mas porque há apenas uma pessoa com um
sorriso como o seu.
Que você se apaixone pelo ser único que é.

*

Numa noite de verão, olho para cima e volto a
atenção a uma estrela entre muitas.
Essa estrela também escolhe olhar para mim,
entre todas as pessoas na Terra.
Um encontro entre duas pessoas é assim, como
um raro acontecimento cósmico.
É um em um milhão, bilhão, trilhão.

*

Amar é
confiar em alguém,
estar ao lado de alguém,
estar pronto a ouvir com o coração generoso
por nenhuma outra razão que não o amor.

*

Às vezes não temos certeza
se o que sentimos é amor.
Nessas horas, pergunte a si mesmo:
"Estou feliz em oferecer mais mesmo após já ter
oferecido tanto?"
Se a resposta for "sim" e não houver nenhum
arrependimento depois,
então isso provavelmente é amor.

*

Amor significa amar a pessoa do jeito que ela é.
Querer que ela seja de determinada forma não é amor,
e sim o seu desejo.
Não tente aperfeiçoar o outro em nome do amor.
Isso é um aprimoramento apenas aos seus olhos,
não aos olhos do outro.

*

Se algo se destina a florescer na forma de
um relacionamento,
costuma dar certo sem muita dificuldade.
Se você é o único que está se esforçando,
deixe o outro partir.
Isso pode aliviar a pressão e motivar a outra pessoa
a se esforçar também.
Se não, ao menos vai abrir um novo caminho para você.

*

O amor vem naturalmente e sem esforço.
Se você tentar amar alguém, o amor não será real até
você parar de tentar.

*

Um diretor de elenco testa muitos atores
mas reconhece o certo assim que ele entra.
Isso pode acontecer com uma casa nova, um anel
de diamantes, uma futura esposa.
Se você estiver hesitando, não deve ter encontrado
a certa ainda.

*

Ame-a
Sem "e se...",
sem cálculos,
sem pensar duas vezes,
sem compará-la às outras.

Ame-a com a convicção incondicional da sua alma.
Se um de vocês for inabalável, então
o relacionamento pode durar.

*

Por favor, não chame de amor.
O que você está experimentando é paixão
sem compromisso nem responsabilidade.

*

Paixão não é amor
porque começa e termina em você.
Tem mais a ver com os seus sentimentos do que com a outra pessoa.

*

Quando amamos alguém, gostamos de fazer coisas legais para o ser amado.
Mas é igualmente importante se conter para não fazer coisas desnecessárias.
Com frequência nos esquecemos dessa última parte.

*

Gostamos de nos envolver nos assuntos dos outros
achando que estamos fazendo isso por eles.
Oferecemos ajuda não solicitada e interferimos
na vida deles.
Retiramos o poder deles e os fazemos
sentirem-se incapazes.
Isso vem de nosso desejo por controle e reconhecimento.
Nada tem a ver com amor.

*

Devemos amar as pessoas como o Sol ama a Terra.
O Sol não escolhe amar a Terra.
Ele nutre árvores e flores sem esperar nada em troca.
Ele não economiza seus raios, iluminando tudo
com sua presença.

*

Como Khalil Gibran disse,
amem um ao outro como
duas colunas que sustentam o mesmo teto.
Apesar de olharem juntos para o horizonte,
permitam que haja espaço entre os dois.
Sem isso, vocês vão sufocar e esgotar o amor de vocês.

*

Lembre-se:
Quando você luta para se agarrar a alguém,
essa pessoa se vai.
Quando você decide deixá-la partir, ela fica.

*

Nós fazemos coisas pela pessoa amada,
mas às vezes só estar ao lado dela expressa um amor
ainda mais profundo.
Ofereça a dádiva da sua verdadeira presença.

CAPÍTULO 6

Vida

Você sabe lutar kung fu?

QUANDO ANDO POR NOVA YORK em meus trajes cinzentos de monge, com frequência vejo garotos imitando Bruce Lee ao me avistar. De início, eu não entendia o que eles estavam fazendo, mas logo compreendi – eles presumem que qualquer um usando túnica e com a cabeça raspada deve ser um lutador de artes marciais. Isso é bonitinho e divertido. Um menino mais extrovertido inclusive me perguntou se eu lutava kung fu como os monges chineses do templo Shaolin. Meu lado brincalhão quis que eu fizesse umas posturas falsas de kung fu, erguendo os braços e a perna direita.

Quando os adultos descobrem que sou um monge budista, eles perguntam com curiosidade: "Que tipo de meditação você pratica?" ou "Quantas horas você medita todas as manhãs? Sua mente deve ser muito tranquila.". Então eles falam sobre as experiências que tiveram em algum centro zen ou estúdio de ioga ou me contam sobre um livro de atenção plena que conheçam. Para muitos adultos no Ocidente, parece que um mestre budista é alguém sereno e controlado graças à prática de meditação diária. Apesar de as suposições de crianças e adultos serem diferentes, acho que há uma semelhança subjacente. Todos têm curiosidade sobre o que um monge faz. Em outras palavras: quando se trata de imaginar a identidade de um monge, as pessoas no Ocidente tendem a se concentrar no comportamento dele.

Quando estou na Coreia, perguntas diferentes me esperam. No metrô, por exemplo, quem estiver sentado ao meu lado pode perguntar: "De que mosteiro você é?" ou "Em que templo você mora hoje em dia?". Para os coreanos, parece que a parte mais determinante de uma pessoa é o local onde ela mora. Mesmo nos Estados Unidos, quando coreanos se conhecem, após dizerem os respectivos nomes, a primeira pergunta que fazem é: "De que parte da Coreia você é?" Parece que, para muitos coreanos, a identidade de alguém está mais ligada à sua cidade natal do que ao seu comportamento.

Todas as vezes que volto à Coreia, me pergunto por que os coreanos são também tão obcecados em saber em que universidade você estudou, mesmo quando já tem mais de 50 anos. É claro que, na hora de conseguir um emprego, ter se formado numa universidade de prestígio é vantajoso na maioria dos lugares do mundo. Mas o diploma não é suficiente. Mesmo que você tenha um bom emprego, suas habilidades e sua experiência são mais importantes que o lugar onde estudou. Um bom exemplo é

Steve Jobs, cofundador da Apple. Jobs foi para a Reed College, mas largou a faculdade após um semestre. Qualquer um que conheça o ensino superior americano sabe que a Reed é uma faculdade excelente de Portland, Oregon. Mas para um coreano comum, que só ouviu falar das melhores universidades do mundo e de umas poucas na Califórnia, Reed seria considerada abaixo dos padrões. Se Steve Jobs fosse coreano, sua educação superior teria sido um grande impedimento para uma carreira de sucesso. Ninguém teria levado suas ideias a sério nem investido em sua empresa; ele teria sido visto como alguém que não era inteligente o suficiente para entrar nas melhores universidades do país.

Isso me preocupa. Se considerarmos que a identidade de uma pessoa está ligada sobretudo à sua cidade de origem ou à universidade em que se formou, acabaremos olhando apenas para o passado dela, sem prestar atenção às suas habilidades atuais ou à sua visão do futuro. Apenas quem tiver nascido em uma boa família e tiver um bom currículo escolar e os contatos certos terá a chance de alcançar o sucesso, enquanto aqueles que têm uma origem sem tanto prestígio, mas um grande potencial, não têm as mesmas oportunidades.

Sempre que garotos se aproximam para perguntar se eu luto kung fu, reflito sobre a minha vida. Será que estou me comportando como um mestre espiritual? Ou já me tornei complacente com a minha identidade e passei a ignorar o trabalho que fui chamado a realizar? Além disso, quando conheço alguém, eu faço o esforço necessário para enxergar o que há por trás de suas marcas sociais? Ou eu reduzo as pessoas ao passado delas, sem conseguir ver quem realmente são? E então eu me lembro de que mesmo aqueles garotos podem ser nossos mestres espirituais se estivermos dispostos a abrir o coração para eles.

A vida é como uma fatia de pizza.
Parece deliciosa no anúncio,
mas na prática não é tão gostosa quanto
tínhamos imaginado.

Quando sentir inveja da vida de alguém
lembre-se da pizza no anúncio.
Sempre parece melhor do que de fato é.

*

Alguma vez você já escolheu um prato do cardápio mais
barato do que o que realmente queria,
apenas para se arrepender quando ele chegou à mesa?
Sempre fique com a primeira opção se puder pagar por ela.
É melhor do que uma vida repleta de arrependimentos.

*

Na vida há muito mais momentos comuns do que
extraordinários.
Esperamos na fila do mercado.
Passamos horas indo para o trabalho.
Regamos as plantas e alimentamos nossos
animais de estimação.
Felicidade é encontrar instantes de alegria nesses
momentos corriqueiros.

*

Quando você se concentra, até a lista telefônica
pode ser interessante.
Se você está entediado, talvez não esteja
se concentrando.

*

Aonde quer que vá, cultive um senso de propriedade.
Se vir lixo no chão da igreja, da biblioteca
ou do parque, recolha-o.
Quando você se apropria dos espaços, sua vida tem
mais propósito
e as pessoas vão notar seu bom exemplo.

*

Faz sentido que a Escandinávia seja famosa pelo
design de móveis,
já que, num clima frio, as pessoas passam
mais tempo dentro de casa.
Da mesma forma, a Itália é conhecida pelo
design de vestuário;
faz sentido que, num clima quente, as pessoas
prestem atenção na forma como se apresentam
fora de casa.

O lugar onde vive molda você.
Você mora num lugar que contribui para a
realização dos seus sonhos?

*

Não pensamos duas vezes antes de comprar
uma taça de vinho.
E mesmo assim hesitamos na hora de comprar um livro,
que custa o mesmo que uma ou duas taças de vinho.

*

A maioria das pessoas não é capaz
de perceber a diferença
entre uma garrafa de vinho barata e uma cara.
A diferença dos valores é o preço da sua vaidade.

*

Quando for comprar algo que irá durar muito tempo,
como uma casa ou um piano,
escolha o melhor dentro das suas possibilidades,
não algo que sirva apenas por enquanto.
Você pode pensar que é bom o suficiente, mas após um
tempo vai se arrepender.

*

Um bom cliente não diz: "Por favor, faça
o que achar melhor."
Ele sabe bem o que quer e se comunica de forma clara.
Um cliente pode até não comunicar o que quer,
mas ainda assim terá preferências,
que poderão se expressar como uma reclamação
depois de terminado o serviço.

*

Quando houver um problema,
discuta-o com a pessoa responsável.
Se você abordar a questão com rodeios,
por meio de outras pessoas,
por medo de abalar o outro e a relação de vocês,
o problema se tornará mais complicado.
Vá direto à fonte e lide com a pessoa,
mesmo que isso deixe você desconfortável.

*

Quanto mais você sabe,
mais acha que não sabe.
Quanto menos você sabe,
mais acha que sabe.

*

Qualquer fenômeno social é difícil de generalizar.
Suas causas estão inseridas numa complexa rede de
história, cultura, política e economia.
Se alguém explica um fenômeno social
em termos simples,
é um especialista ou um tolo.

*

O maior obstáculo ao aprendizado
é fingir saber algo.
É melhor admitir que não sabe;
se ficar fingindo, terá que agir como se
já soubesse desde sempre.
É mais fácil aprender quando você deixa o orgulho
de lado e é sincero.

*

O olhar compassivo da alma ferida é
mais bonito que o sorriso ingênuo do inexperiente.

*

A determinação para convencer alguém pode vir do fato
de você mesmo não estar completamente convencido.
Eu não ando por aí tentando convencer
as pessoas de que sou homem.

*

Vista confiança.
Está sempre na última moda.

*

Quando nos agarramos muito forte às nossas crenças,
corremos o risco de ficar cegos para a realidade
e enxergar apenas o que se encaixa nelas.

*

A pessoa que diz
"Fulano é muito político"
costuma ser tão política quanto, se não mais.

*

A admiração não vem com facilidade.
Em vez de estabelecer a meta de se tornar
rico e poderoso,
mire mais alto: torne-se admirado em sua área.

*

Uma das maiores bênçãos na vida é conhecer alguém
que admiramos de verdade.
Essa pessoa se torna uma centelha de esperança,
protegendo-nos do cinismo.

*

Às vezes a vida nos lança uma bola de efeito
sem qualquer razão que possamos entender.
Mas não se desespere.
Não estamos sozinhos. Podemos perseverar.
Isso, como o calor do verão, também vai passar.

*

Quando chega aos 40, você começa a pensar:
"A vida é assim mesmo? Isso é tudo que há?"
Esse sentimento triste e vazio – eu o conheço também.

*

O amor
pode mudar a vida das pessoas,
não as lições de moral.

Três ideias libertadoras

Num dia de primavera, quando fiz 30 anos, olhei para a minha mente e percebi três coisas. No momento em que me dei conta delas, soube o que teria que fazer para ser feliz.

Em primeiro lugar, as pessoas não estão tão interessadas em mim como sempre pensei. Não consigo lembrar o que minha amiga estava vestindo quando a encontrei na semana passada. Nem como estava sua maquiagem ou seu cabelo. Se eu não consigo lembrar, então por que ela se lembraria desse tipo de coisa em relação a mim? Apesar de pensarmos nos outros de tempos em tempos, é raro que isso aconteça por mais do que poucos minutos. Quando terminamos, nossa mente se volta imediatamente para o que nos interessa. Por que deveríamos passar tantos momentos da vida preocupados com o que os outros pensam de nós?

Em segundo lugar, nem todo mundo tem que gostar de mim. Afinal, nem eu gosto de todo mundo. Com certeza existem políticos, colegas de trabalho, clientes e familiares que não conseguimos suportar. Então por que todos deveriam gostar de mim? Não há razão para se atormentar porque alguém não gosta de você. Aceite isso como um fato da vida; não é possível controlar a forma como os outros se sentem em relação a você. Se alguém não gosta de você, deixe que essa pessoa tenha a própria opinião. Apenas siga em frente.

Em terceiro lugar, se formos brutalmente honestos, a maior parte do que fazemos é para nós mesmos. Rezamos pelo bem-estar da nossa família porque precisamos tê-la por perto. Derramamos lágrimas pela morte de nosso parceiro por causa da solidão iminente. Fazemos sacrifícios pelos nossos filhos na esperança de que eles cresçam como queremos. A menos que nos tornemos iluminados como Buda ou Jesus, é difícil abandonar nossa preocupação com nós mesmos, tão profundamente enraizada.

Pare de se preocupar com o que os outros pensam e faça apenas o que o seu coração deseja. Não ocupe sua mente se perguntando o que poderia ter acontecido. Descomplique a vida e assuma seus desejos. Só quando você é feliz é possível ajudar a transformar o mundo em um lugar mais feliz.

Não deixe as opiniões dos outros determinarem
quem você é.
Em vez de se preocupar com o que os outros pensam,
dedique-se aos seus sonhos.

*

Quando uma pessoa não gosta de nós,
isso é problema dela, não nosso.
Nem todo mundo vai gostar da gente.
Isso só é um problema se deixarmos que nos incomode.

*

Quando reclamamos que algo que precisamos fazer
é muito difícil,
apenas acrescentamos mais uma camada de dificuldade.
Respire fundo e faça logo o que tem que fazer.

*

Anote numa folha de papel
o nome dos lugares para onde quer viajar
antes de morrer,
das pessoas que espera conhecer,
dos shows que espera curtir,
dos jogos esportivos a que adoraria assistir,
dos restaurantes a que precisa ir.

Então experimente tudo, item por item.
Ninguém precisa saber da lista.
Permita-se ter um segredo com você mesmo.
Será bom fazer algo apenas para si.

*

A vida é como o jazz.
A maior parte é improviso; não se pode controlar
todas as variáveis.
Devemos viver com ousadia e estilo,
não importa o que aconteça.

*

Podemos amar nossos familiares e rezar
pela felicidade deles.
Podemos oferecer conselhos e ajuda quando é
necessário.
Mas não podemos tomar decisões por eles
nem fazê-los agir da forma que queremos.
Há muitas coisas na vida que não controlamos.
Isso inclui as pessoas mais próximas de nós.

*

Se você é bom num esporte, fica mais fácil
aprender outro.
Se você é fluente numa língua estrangeira, fica mais fácil
aprender outra.
Se descobre como administrar um pequeno negócio, é
mais fácil administrar o segundo ou terceiro.
Não tenha inveja de quem é bom em muitas coisas.
Primeiro aprenda a ser bom em uma. Logo você será
capaz de fazer duas ou três.

*

Uma árvore majestosa é a primeira a ser cortada
para virar madeira,
enquanto uma mais modesta continua viva.
Da mesma forma, um verdadeiro mestre esconde a
própria virtude e nunca se gaba da própria excelência.

*

Sonhe alto, mas comece de baixo.
Um pequeno ajuste pode ter um grande efeito
em sua vida.

Por exemplo, se quiser ser mais saudável,
comece indo para a cama meia hora mais cedo.
Se quiser perder peso,
comece bebendo água em vez de refrigerante.
Se precisa terminar um projeto importante,
comece organizando sua mesa de trabalho.

*

"Mantenha seus pensamentos positivos, pois seus
pensamentos se tornam as suas palavras.
Mantenha suas palavras positivas, pois suas palavras se
tornam os seus comportamentos.
Mantenha seus comportamentos positivos, pois seus
comportamentos se tornam os seus hábitos.
Mantenha seus hábitos positivos, pois seus hábitos se
tornam os seus valores.
Mantenha seus valores positivos, pois seus valores
se tornam o seu destino."

– Mahatma Gandhi

*

Sua mente não pode acomodar dois pensamentos
ao mesmo tempo.
Isso significa que um único pensamento
ocupa a sua mente inteira.
Seja algo bom ou ruim, tudo tem origem num
único pensamento.
Se tivermos cuidado com esse primeiro pensamento,
até tragédias podem ser evitadas.

*

Preferimos as palavras certas às erradas.
Preferimos as palavras sinceras às certas.
Preferimos ações a palavras sinceras.

O modo como você fala costuma ser
mais importante do que o que fala.
Ações valem mais do que palavras.

*

O conhecimento quer falar.
A sabedoria quer ouvir.

*

Um tolo pensa: "Eu já sei isso."
Ele impede qualquer coisa nova de entrar na
própria mente.
Um sábio pensa: "Não sei a história toda."
Ele se abre para uma sabedoria ainda maior.

*

Uma pessoa comum em geral percebe as coisas
particulares de que gosta ou desgosta.
Uma pessoa sábia percebe tanto o todo quanto
as particularidades.

*

Quando compartilha problemas com seus amigos,
você não espera que eles tenham as soluções.
Você apenas fica grato por eles estarem ao seu lado,
dispostos a ouvi-lo.

Se alguém compartilhar problemas com você,
não sinta necessidade de ter as soluções.
Apenas escute com sinceridade. Isso costuma ser mais útil.

*

Quando olho fundo dentro de mim,
me dou conta do que realmente quero dos outros:
ouvidos atentos para ouvir o que estou falando,
palavras bondosas que reconheçam minha
existência e meu valor,
olhos gentis que aceitem minhas falhas e inseguranças.

Eu decido ser essa pessoa para aqueles à minha volta.

Um mau motorista freia muito.
Um mau conversador também freia muito –
interrompendo o fluxo das próprias histórias.

Uma pessoa pode enganar alguém por um momento,
mas é difícil enganar alguém por muito tempo.
O tempo irá dizer se ela falou do fundo do coração
ou se inventou mentiras para conseguir o que queria.
Mesmo que tenha conseguido o que queria com
uma mentira momentânea,
o fato de ter mentido permanecerá com ela até morrer.

Quando não há inveja nem expectativa,
mesmo a pessoa mais rica e poderosa
é só mais um ser humano.
Apenas quando estamos com inveja do que ela tem
ou esperamos algo dela é que
nos tornamos descontentes e perdemos a compostura.

*

Trapaceiros adoram falar manso sobre ganhos futuros,
insistindo que as coisas vão dar certo
se lhes dermos ouvidos.
Quando nossa ganância é despertada,
somos passados para trás.

*

Um negociador inteligente leva a outra parte
a pensar que ela ganhou
ao mesmo tempo que ele próprio consegue
tudo o que quer.
Se a outra parte se sente lisonjeada e superior
e deixa que o negociador inteligente faça
do jeito que prefere,
então de fato foi o negociador quem ganhou.

*

Uma ironia cruel:
a recompensa de alguém que trabalha duro
é mais trabalho.

*

Se somos rápidos em fazer um favor, as pessoas
são rápidas em esquecer a gratidão.
Se fazemos um favor impondo várias condições,
as pessoas expressam imensa gratidão.

CAPÍTULO 7

Futuro

Uma palavra de incentivo pode mudar o futuro

AO CONTRÁRIO DO cristianismo, existem milhares de escrituras na tradição budista. Algumas têm um grande teor filosófico, enquanto outras são basicamente histórias contendo importantes lições de vida. A minha favorita é o *Sutra do lótus*, que possui tanto ensinamentos filosóficos quanto narrativas didáticas. Como acontece quando leio todos os textos sagrados, quanto mais eu o estudo, mais fico maravilhado com sua profundidade.

Relendo o *Sutra do lótus* recentemente, um capítulo em particular chamou minha atenção, "A profecia da iluminação dos 500 discípulos", que descreve a profecia do Buda sobre seus 500 discípulos. O mestre lhes diz que, após determinado tempo, todos se tornarão budas. Uma profecia de iluminação é a garantia do Buda e a previsão sobre quando e em que ponto da vida seus discípulos vão atingir o estágio final de iluminação. Ao ouvir as palavras de incentivo sobre o futuro, os 500 discípulos ficam exultantes e fazem o voto de continuar com a prática espiritual. Sempre que deparo com essa história da profecia do Buda, eu me lembro da minha professora do ensino fundamental, Srta. Lee, que previu grandes feitos para o meu futuro.

Sob todos os pontos de vista, eu era um garoto comum. Tinha estatura mediana e vinha de uma família de classe média. Eu não era o aluno mais brilhante, mas também não era bagunceiro. Lembro que a Srta. Lee era uma mulher rígida, com uns 30 anos. Ela tinha um filho que frequentava a mesma escola; eu o conhecia bem porque tínhamos estudado na mesma sala no ano anterior. Certo dia, quando eu estava andando pelo pátio após a aula, o filho da Srta. Lee se aproximou e me convidou para ir brincar na casa dele. Contou-me que havia ganhado brinquedos novos dos pais. Fiquei muito tentado, mas tinha medo de encontrar a Srta. Lee. Entendendo minha hesitação, meu amigo me assegurou que a mãe raramente chegava antes das quatro da tarde. Concordei em ir brincar com ele apenas se não houvesse problema em ir embora antes desse horário.

Nós nos divertimos muito com os brinquedos novos. Fiquei tão absorto na brincadeira que esqueci completamente da hora. Então a porta da frente se abriu e a minha professora entrou. Fiquei tenso, pensando que levaria uma bronca por estar brincando em vez de fazendo o dever de casa. Para minha surpresa, a Srta. Lee me saudou com um largo sorriso. Ela falou comigo de forma calorosa e me deu um abraço, como se eu fosse seu filho. Durante esse gesto, percebi que, na verdade, a Srta. Lee era uma pessoa boa e amorosa, mas não tinha escolha, pois precisava parecer rígida na escola a fim de manter o controle da classe. Ela me deu uma guloseima que oferecia ao filho apenas em ocasiões especiais. Enquanto eu comia, acariciou minha cabeça com delicadeza e disse:

– Você será um bom aluno e um exemplo para os seus amigos. Tenho certeza de que você vai se tornar uma ótima pessoa, que levará sabedoria e felicidade para muita gente.

Meu jovem coração ficou mais que comovido. Depois desse dia, passei a estudar muito e a tentar ser um exemplo para os outros alunos. Como a Srta. Lee havia depositado confiança em mim, estava determinado a não decepcioná-la. Acredito que tenha me tornado quem sou hoje graças ao que ela me disse naquela tarde. Sem suas palavras generosas, eu não teria tido a confiança necessária para alcançar o sucesso acadêmico nem para me tornar professor universitário e mestre espiritual.

De acordo com o *Sutra do lótus*, o Buda faz a profecia sobre os discípulos porque tem a habilidade sobrenatural de prever quando eles vão atingir o estágio final de iluminação. Mas eu não acho que eles tenham alcançado automaticamente a iluminação ao receber a profecia do Buda. Acredito que teve muito a ver com a fé que o Buda tinha em relação aos discípulos, o que os motivou a se empenhar mais para realizar o que o mestre previra. Assim como as palavras da Srta. Lee, as palavras de confiança do Buda e seu olhar amoroso transformaram a vida de 500 discípulos. Uma palavra de incentivo, dita com generosidade e esperança, pode mudar o futuro de uma pessoa, assim como aconteceu com os 500 discípulos e comigo.

Alguns dizem que não sabem o que estão
procurando na vida.
Isso pode ser porque, em vez de se conectarem com
os próprios sentimentos,
levam a vida de acordo com as expectativas
de outras pessoas.
Viva a vida não para satisfazer os outros, mas para
realizar o que seu próprio coração deseja.

*

Meu querido e jovem amigo,
por favor, não se sinta desestimulado
só porque você está um pouco para trás.
A vida não é uma corrida de 100 metros
contra os seus amigos,
mas a maratona de uma vida inteira contra si mesmo.
Em vez de se concentrar em ficar na frente
de seus amigos,
primeiro tente descobrir qual é a sua cor única.

*

"Haemin Sunim, eu espero que você se torne um
grande mestre como o Dalai Lama."
"Obrigado pela gentileza. Admiro muitíssimo
Sua Santidade.
Mas não quero me tornar o Dalai Lama.
Eu gostaria de me tornar Haemin Sunim."

*

Não vá para lá e para cá como um cardume de peixes
só porque é o que os seus amigos fazem
ou porque é o que as outras pessoas dizem
que você deveria fazer.
Defenda as suas convicções.
Subverta os paradigmas
e passe a estabelecer tendências.

*

Se eu tivesse um filho, gostaria de ensinar
algumas coisas a ele:
Não importa quão famosas, poderosas ou ricas
algumas pessoas sejam,
elas não são muito diferentes de todas as outras.

Ansiamos por laços profundos e aceitação incondicional.
Temos todos as mesmas inseguranças e a mesma
necessidade de aprovação.
Não há razão para se sentir inferior.

*

Se estiver criando um filho, lembre-se disto:
Não tem problema se ele for bem em uma área
e não tão bem em outras.

É mais provável que um restaurante
especializado em uns poucos pratos
consiga uma boa reputação
do que um com o cardápio muito variado.
Ajude seu filho a se aprofundar na área de interesse dele.

*

Inteligência não tem a ver apenas com tirar nota 10.
Também tem a ver com a capacidade de ter empatia
e estar em sintonia com o que as outras pessoas sentem.

*

Você é uma mãe ou um pai controlador?
Está dedicando atenção demais ao seu filho?
Se a resposta for sim,
dedique parte dessa atenção aos seus pais.
Se for bondoso com eles,
seu filho vai aprender como tratar você no futuro.

*

Desde a mais tenra idade,
ensinam a algumas crianças que elas devem competir,
e elas acabam preocupadas com o que os pais vão dizer,
inseguras pensando que os amigos vão julgá-las.

Deixe que elas saibam que está tudo bem
em curtir a vida.
Ajude-as a descobrir que os talentos
não podem ser comparados.
Respeite-as para que elas saibam como é ser respeitado.

Por que o ensino médio não ensina habilidades
essenciais para a vida?

Como, por exemplo:

Cozinhar,
ir a um encontro,
controlar o próprio peso,
ser financeiramente responsável,
se recuperar depois de uma decepção,
ter consciência dos pensamentos e das emoções.

Em vez de montar um currículo apenas
para conseguir um emprego,
desfrute do processo de aprender algo novo.
Não faça apenas pelo fim.
Deleite-se no processo também.

Mesmo que tenha outros motivos para
fazer trabalho voluntário,
ao ajudar e se conectar com as pessoas
você pode descobrir o significado da vida e da felicidade.
Por isso é importante ser voluntário
sem importar o que o impeliu a fazê-lo
em primeiro lugar.

*

Quando se trata de aprender uma nova habilidade,
existem dois tipos de pessoa:
um tipo prefere primeiro estudar a máquina de escrever,
enquanto o outro começa batendo nas teclas.
Um tipo gosta de dominar antes a gramática
de um idioma estrangeiro,
enquanto o outro aprende no dia a dia, usando
linguagem corporal se for preciso.

Em geral, o segundo tipo tende a aprender
mais rápido que o primeiro,
pois não tem medo de errar.

*

Não existe isso de se estar completamente preparado.
A vida é uma aventura através da qual
aprendemos e amadurecemos.
É claro que precisamos considerar todas
as opções com cuidado.
Mas se esperarmos ter 100 por cento de certeza, já será
tarde demais.

*

Quando você está prestes a tomar uma
decisão importante,
sempre há o momento de hesitação na hora de
assinar na linha pontilhada.
Não recue. Você chegou até aqui depois
de pensar seriamente.
Não olhe para trás. Continue em seu caminho
com coragem,
como um rinoceronte de um chifre só.

*

Às vezes você precisa se manter firme às suas convicções.
Você não pode agradar todo mundo.
Não se reprima só porque
está com medo de alguém criticá-lo.
É provável que você ganhe alguns inimigos,
mas muitos outros vão respeitá-lo por
defender aquilo em que acredita.

*

Não recuse muitas oportunidades.
Se você insistir que precisa estar mais bem preparado,
poderá não ser convidado de novo
quando estiver pronto.
Você está preparado.
Você pode encarar o desafio.

*

Quando acordar pela manhã, diga a si mesmo:
"Não vou passar o dia de hoje de forma passiva,
fazendo apenas o que os outros me mandam.
Vou tomar a iniciativa e criar o meu próprio destino!"

*

Estabeleça uma meta para a semana.
Há uma grande diferença entre ter uma meta e não ter.
Uma conquista significativa pode se originar de
um único pensamento.

*

Mesmo que você tenha apenas um sonho simples,
não guarde-o para si. Fale aos outros sobre ele.
Quando você tiver dito a dez pessoas, ele já estará
mais perto de se realizar.

*

Experimente fazer estas duas coisas ao mesmo tempo:
finja que você já é um campeão
e trabalhe com disciplina para se tornar um.
A diferença entre crença e realidade logo
não existirá mais.

Em busca da sua vocação

Não é fácil encontrar a nossa vocação. Apesar de algumas pessoas saberem o que querem desde cedo, a maioria de nós leva anos para encontrar o caminho a seguir. Sempre que me perguntam sobre encontrar a própria vocação, ofereço as palavras a seguir.

Em primeiro lugar, uma das razões que tornam difícil descobrir a sua vocação é que você simplesmente não conhece todos os tipos de trabalho que há pelo mundo. Como é possível descobrir opções além dos trabalhos que você já conhece por causa de familiares e amigos?

A maneira mais fácil de se expor a uma variedade de experiências indiretas é a leitura. Você já leu sobre ciência, viagens, moda, arte ou política? E sobre educação, psicologia, finanças, saúde, comida, música ou esportes? Leia muito para explorar diferentes profissões. Você também pode ler a biografia de alguém que admira e emular seu comportamento. Livros ampliam os seus horizontes e o apresentam a novas possibilidades.

Em segundo lugar, é difícil encontrar a própria vocação porque muitos acreditam equivocadamente que devem olhar apenas para dentro de si a fim de descobrir as próprias paixões. Apesar de ser verdade que possuímos interesses e talentos inatos, com frequência não sabemos quais eles são até termos experiências na vida real. Ter uma grande variedade de experiências pode ajudá-lo a descobrir a sua paixão interior.

Experimente vários empregos de meio período e estágios ou faça trabalho voluntário.

Não tenha medo de arregaçar as mangas e colocar a mão na massa.

Quando estiver imerso na realidade de uma profissão, você irá descobrir se ela combina com você.

Experiências de trabalho abrem as portas para uma oportunidade de carreira que você nunca considerou.

Em terceiro lugar, é difícil encontrar sua vocação sem se conhecer o suficiente. Você sabe em que tipo de trabalho seria bem-sucedido? Sente-se energizado ao interagir com as pessoas? Tem um bom desempenho sob pressão? Quais são seus pontos fortes e fracos?

Você pode aumentar a autoconsciência interagindo com uma ampla variedade de pessoas nas mais variadas situações. Você vai desenvolver uma compreensão mais profunda de si cultivando relacionamentos, que se tornam um espelho que vai refletir seus pontos fortes e fracos em várias circunstâncias. Não tenha medo de conhecer pessoas novas. Conheça as pessoas que trabalham na área pela qual você se interessa. Vá a encontros; eles são uma boa forma de aprender sobre si mesmo. Descubra que tipos de pessoa são compatíveis com a sua personalidade. A partir dessas experiências, você terá uma boa ideia sobre de que tipos de pessoa gostaria de estar cercado.

Por fim, não escolha sua carreira com base no que os outros vão pensar dessa decisão. A verdade é que as outras pessoas não pensam tanto assim em você. Se acha que vai gostar de algo, não pense muito. Apenas faça. Mesmo que termine se revelando diferente do que esperava, você ainda estará grato pelo que a situação lhe ensinou.

Desejo-lhe toda a sorte do mundo!

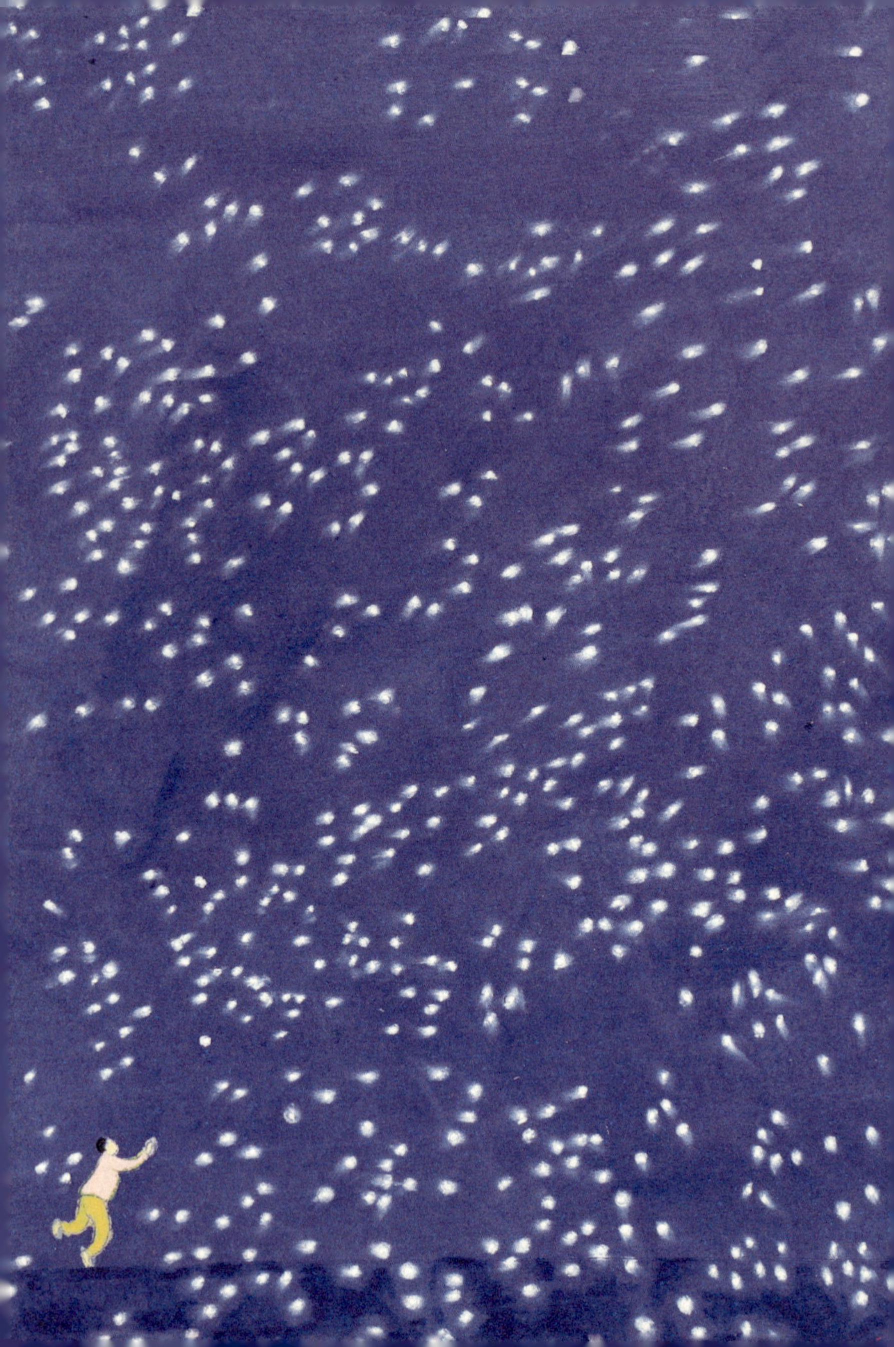

Meça seu valor
não pelo saldo da sua conta bancária,
mas pela frequência da sua generosidade.

*

A faculdade em que você se formou não é importante.
A vida que escolheu levar após a faculdade é.

*

"Em um processo seletivo, gosto de pessoas confiantes,
mas que conseguem admitir quando estão erradas.
Para esse tipo de pessoa, eu não preciso
de mais nenhuma referência,
porque elas são seguras de si e não vão deixar
o ego atrapalhar."
– Ahn Cheol-soo, empreendedor sul-coreano
da área de softwares

*

Quando estiver procurando um emprego,
tente descobrir por quanto tempo os funcionários
ficam na empresa.
Isso é mais importante do que o tamanho da
companhia ou o salário oferecido.
Se as pessoas sempre saem de lá, isso evidencia muita coisa.

Você está nervoso ou até mesmo apavorado
com o novo emprego?
É porque está com medo de decepcionar o novo chefe?
Apenas dê o seu melhor sem duvidar de sua eficiência.
Mesmo que o seu desempenho não seja magnífico,
se for sincero e dedicado,
seu chefe e seus colegas vão gostar de você.

Se você visitar um local de trabalho que pareça
muito melhor que o seu,
em vez de sentir inveja, examine-o com mais atenção.
Você pode descobrir um ponto negativo e mudar
sua primeira impressão.
No momento em que se der conta disso, você vai
se sentir grato pelo seu atual emprego.

*

Ser um bom chefe exige mais do que
ter um grande conhecimento técnico.
É importante ter integridade e uma relação positiva
com os funcionários,
dar orientações profissionais e feedback
com frequência e
advogar pelo que a equipe precisa.

*

Uma chefe não deve ficar exageradamente preocupada
com o que pensam dela.
Isso é secundário.
Em vez disso, ela deve se concentrar na forma
como seu trabalho
afeta os funcionários e clientes.

*

Um líder sábio não forma uma equipe apenas
com pessoas que concordam com ele.
Ele precisa ter quem discorde dele para poder enxergar
os próprios pontos cegos.

*

Um líder despreparado tenta microgerenciar tudo.
Seus funcionários acabam fazendo só o que ele manda.
Um líder habilidoso sabe delegar aos subordinados
e esperar que eles tomem a responsabilidade para si e
cuidem para que o trabalho seja bem-feito.

*

A dedicação ao trabalho não deveria ser medida
por quantas vezes você trabalha até tarde
ou deixa de tirar férias,
mas pela eficácia do seu trabalho e
pela contribuição que você dá à empresa.

*

As pessoas com frequência têm
expectativas pouco realistas
sobre o sucesso de seu primeiro livro, álbum ou show.
Assim como não há efeito sem causa,
o sucesso não chega por sorte,
sem anos de preparação e trabalho duro.

*

Nem sempre é bom conseguir o que você quer.
Se tudo sair do jeito que você quer,
será fácil se tornar preguiçoso e arrogante
ou perder a capacidade de ter empatia pelas pessoas
que enfrentam dificuldades.
Talvez todas as adversidades por que você passa sejam
uma importante lição de vida.

*

Um jóquei não chicoteia um cavalo parado.
Um jóquei só chicoteia o cavalo que está correndo.

Quando a sua professora lhe der uma advertência,
aprenda a aceitá-la com dignidade.
Ela está fazendo isso porque se importa.
Ela acredita que você pode se sair melhor.

*

Ter liberdade é mais importante do que ter dinheiro.
É melhor levar o tipo de vida que você quer
do que ganhar mais e ser subjugado.
Não venda a sua liberdade.

*

Se uma pessoa insiste que você siga
o caminho bem-sucedido dela,
mas isso não é o que o seu coração deseja,
escute o seu coração
antes que seja tarde demais.

*

A afirmação mais vaga e menos efetiva:
"Vou querer qualquer coisa."

*

Algumas pessoas gostariam que alguém
decidisse tudo por elas –
aí está a oportunidade para líderes carismáticos
tirarem vantagem delas.

*

Nunca abra mão do poder de tomar decisões
sobre a sua vida.
Buda e Jesus existem porque você existe.
Você é o dono da sua vida.
Valorize-se em primeiro lugar.

*

Eu me tornei uma pessoa espiritualizada
porque queria descobrir o verdadeiro
significado da vida.
Porque queria despertar para a minha
verdadeira natureza.
Porque não queria me sujeitar
aos critérios de sucesso dos outros.
Porque não queria encontrar a morte
depois de passar a vida inteira lutando
por dinheiro e poder.

Só há uma forma de saltar de bungee-jump:
apenas salte!
Quanto mais você pensa, mais difícil se torna.
Pensar demais só produz ansiedade e dúvida.
Pare de gritar "E se...?" e apenas dê um
voto de confiança.

*

Sem estar comprometido pela necessidade
de cair nas graças de ninguém,
você pode se impor, não importa com quem
esteja lidando.
Se você leva uma vida honrada e honesta,
não há por que ter medo de falar a verdade.

*

O grande mestre zen coreano
Kyeongbong (1892-1982) certa vez disse:
"Aqueles que não têm consciência do
Verdadeiro Ser vivem como cegos,
coçando sem querer a perna de outra pessoa.
Se você gostaria de coçar apenas a própria perna,
primeiro desperte para o seu Verdadeiro Ser."

CAPÍTULO 8

Espiritualidade

너를 기다려

Primos há muito perdidos

"Não julguem, para que vocês não sejam julgados.
Pois da mesma forma que julgarem,
vocês serão julgados; e a medida que usarem
também será usada para medir vocês."
MATEUS 7:1,2

SEMPRE QUE LEIO essa passagem bíblica, lembro de uma filosofia similar da tradição budista chamada lei do karma. Como muitos sabem, trata-se da lei de causa e efeito frequentemente descrita no Ocidente como "Você colhe o que planta" ou "Tudo que vai volta". É um conselho maravilhoso que nos compele a examinar as consequências de pensamentos, palavras e ações. Apesar de ser budista, fui profundamente influenciado por algumas passagens da Bíblia. A primeira vez que a estudei com seriedade foi na faculdade, para a aula de religião comparada. Aprendi sobre a história do cristianismo e analisei várias lições bíblicas – e logo comecei a abrir meu coração. Eu me dei conta de que a Verdade não é propriedade exclusiva de nenhuma religião. Sua natureza permite que pessoas das mais variadas religiões a reconheçam e respeitem.

Cerca de dois anos atrás, tive a oportunidade única de visitar um vilarejo francês chamado Taizé, na Borgonha, com alguns monges mais velhos da minha ordem budista. Trata-se de uma comunidade cristã ecumênica, onde os frades vivem de acordo com a Bíblia. Taizé é um famoso local de peregrinação cristã, atraindo por ano mais de 100 mil jovens adultos de todo o mundo. Os peregrinos costumam passar vários dias na comunidade, participando de orações de manhã, de tarde e de noite, assim como de reflexões em silêncio e de discussões em grupo. Eu já estava familiarizado com os cantos comoventes da comunidade de Taizé e esperava ansiosamente pela oportunidade de participar de suas maravilhosas sessões de oração.

Quando chegamos ao belo vilarejo, os frades saíram e nos saudaram calorosamente. Em túnicas brancas, eles inham sorrisos gentis e uma presença tranquila, quase como se fossem anjos encarnados. Nossas túnicas cinzentas eram muito semelhantes às deles, e parecia que tínhamos nos tornado uma grande família. Os frades nos levaram para um tour pela comunidade e, para nos dar as boas-vindas oficiais, cantaram "Confitemini Domino" – uma das canções mais lindas que já ouvi em toda a minha vida. Fomos convidados a conhecer seus aposentos e depois ficamos batendo papo até a hora das orações do meio-dia na Igreja da Reconciliação. Quanto mais tempo eu passava em Taizé, mais percebia as semelhanças com a vida num mosteiro budista. Os frades passavam horas em orações silenciosas como uma forma de voltar a atenção para o Deus interior, prática não muito diferente da nossa de meditação silenciosa. Outra semelhança é que os frades usavam um anel para representar seus votos a Deus; os monges da minha ordem "usam" uma pequena marca de queimadura de incenso no braço esquerdo quando recebem os preceitos completos.

Algumas pessoas podem pensar que a vida numa comunidade assim é repressora, rígida e difícil, mas não é o caso. A vida monástica é caracterizada pelas belezas simples e as alegrias inesperadas. Os monges encontram felicidade em coisas que podem parecer triviais para aqueles que estão em busca das armadilhas materiais do sucesso. Assistir à mudança das estações - as magnólias florescendo, as deslumbrantes folhas do outono, a primeira neve - traz uma sensação indescritível de alegria e gratidão. Uma simples refeição feita com ingredientes frescos das montanhas ao redor é fonte de grande contentamento. E como nossos irmãos de mosteiro são nossos amigos, mestres e familiares, nunca nos sentimos sozinhos.

No almoço, para nossa completa surpresa, nos ofereceram kimchi, um prato típico coreano. Eles nos disseram que os próprios frades haviam se reunido pouco antes de nossa chegada para prepará-lo. Ficamos tão tocados pela hospitalidade que não soubemos como retribuir. Apesar de sermos de outra religião e de um país diferente, eles nos receberam com respeito e amor. Quando partimos de Taizé, nos sentimos como se tivéssemos acabado de visitar primos há muito perdidos. Eu sabia que reverenciaria esses laços pelo resto da vida. Até hoje, quando encontro um dos monges mais velhos que foram a Taizé comigo, nos lembramos com carinho do kimchi e das baguetes oferecidos pelos frades.

"Como devemos considerar um
caminho espiritual diferente?
Devemos abordá-lo com humildade
e com a boa vontade de aprender sobre outra tradição.
Se a nossa fé puder ser abalada
pelo mero conhecimento sobre uma tradição diferente,
não vale mesmo a pena preservá-la."
– Reverendo Dr. Kang Won Yong (1917-2006)

*

Assim como minha fé é preciosa e
significativa para mim,
não aconteceria o mesmo
com as pessoas que têm outra fé?
Assim como minha mãe é querida e
importante para mim,
não seria também esse o caso do meu vizinho
e da mãe dele?

*

Que as pessoas saibam a diferença entre
a certeza de uma fé e a tolice de atacar outras crenças.
Que a fé nunca se torne uma arma ideológica
para justificar a violência.

*

Se Jesus, o Buda e Confúcio estivessem vivos e se
reunissem no mesmo lugar,
será que os três iriam discutir para saber
quem está certo?
Ou será que iriam respeitar e admirar
os ensinamentos uns dos outros?
Conflitos religiosos normalmente acontecem
não entre os fundadores dessas religiões,
mas entre seus seguidores fanáticos.

*

"O propósito da religião é controlar a si,
não criticar os outros.
O que estou fazendo em relação a minha raiva, meu
apego, meu ódio, meu orgulho e minha inveja?
Isso é que precisamos nos perguntar no dia a dia."
– Sua Santidade, o Dalai Lama

*

Se a essência é esquecida, o ritual toma conta.
E quando o ritual domina a prática espiritual,
as aparências exteriores se tornam mais importantes
que nossa experiência interior.
Por exemplo, se você medita na esperança
de atingir a iluminação,
por quanto tempo e com quem medita não são
questões tão importantes quanto
a forma como a prática muda o seu coração
e os seus relacionamentos.

*

De acordo com o professor Kang-nam Oh,
os devotos podem ser divididos mais ou menos
entre dois grupos:
pessoas de "fé superficial" e pessoas de "fé em profundidade".
As de fé superficial estão presas a símbolos espirituais,
e com frequência contestam os símbolos espirituais
de outras crenças.
Os devotos em profundidade entendem
os significados para além dos símbolos.
Eles conseguem encontrar significados semelhantes
no simbolismo de diversas tradições espirituais
e harmonia entre essas tradições.

*

"Heresia" é um termo forte.
Ele tem sido aplicado a qualquer crença ou prática
que não esteja em conformidade com a crença
espiritual dominante de uma era.
Se você for chamar qualquer caminho espiritual
de herético, lembre-se de
que o seu também foi considerado como tal
quando começou.

*

"Aquele que conhece apenas uma religião
não conhece nenhuma."
– MAX MÜLLER (1823 –1900)

*

A ignorância sobre outros caminhos espirituais,
combinada com o medo,
pode levar à perseguição e à violência.
As grandes tradições de todo o mundo ensinam
humildade, amor e autocontrole.
Nada de ruim pode resultar de aprender sobre elas.

*

Você pode admirar o seu líder espiritual,
mas nunca idolatrá-lo.
A fé cega num líder pode facilmente fazê-lo
agir como uma criança,
entregando o próprio poder e esperando que
o líder faça as coisas por você.
O medicamento pode ser receitado, mas quem
precisa tomá-lo é você.

*

Um líder espiritual é um dedo que aponta para a Lua.
Se o dedo tenta se tornar a Lua,
isso pode levar a graves erros.

*

Precisamos cultivar três inteligências para
nosso bem-estar geral:
inteligência crítica, inteligência emocional
e inteligência espiritual.
Se alguma delas é deixada de lado, atrapalha o
crescimento das outras duas.

*

Se você desenvolver a inteligência crítica, mas
negligenciar a inteligência emocional,
não será sensível ao sofrimento dos outros.
Se desenvolver a inteligência emocional, mas
negligenciar a inteligência espiritual,
perderá a esperança ao ver o sofrimento do mundo.
Se desenvolver a inteligência espiritual, mas
negligenciar a inteligência crítica,
poderá ser vítima de alguma seita.

*

Quaisquer que sejam as circunstâncias,
não se sinta inferior.
Lembre que Deus criou você à Sua divina imagem.
Você é a filha ou o filho mais precioso de Deus.
Também é o Buda, mesmo que ainda
não tenha se dado conta.
Você tem a mesma natureza de buda que
todos os budas do Universo.
Não permita que ninguém faça você se
sentir menos que isso.

*

A fé é supervalorizada enquanto a prática
é subvalorizada.
Se enfatizamos a fé no lugar da prática,
a espiritualidade se torna ideologia, criando
conflitos teológicos.
Mas se nos concentrarmos em botar os ensinamentos
em prática em nosso dia a dia,
perceberemos que o amor ensinado por Jesus
não é diferente da compaixão ensinada pelo Buda.
Se você quer a paz entre os diferentes
caminhos espirituais,
coloque em prática o que prega.

*

Três passagens bíblicas que eu aprecio:

"Assim, em tudo, façam aos outros o que
vocês querem que eles lhe façam;
pois esta é a Lei e os Profetas."
– MATEUS 7:12

"Nem todo aquele que me diz: 'Senhor, Senhor'
entrará no Reino dos Céus,
mas apenas aquele que faz a vontade de meu Pai
que está nos céus."
– MATEUS 7:21

"O Rei responderá: 'Digo-lhes a verdade:
O que vocês fizeram a algum dos meus menores irmãos,
a mim o fizeram.'"
– MATEUS 25:40

Dois caminhos espirituais na mesma família

Quando o seu caminho espiritual é diferente do de seu parceiro, quando seus irmãos tentam convertê-lo à nova crença deles, quando seu filho decide seguir um caminho diferente, isso pode criar tensão, constrangimento e estresse. Desentendimentos e discussões podem surgir e, de repente, você se vê tendo que organizar um funeral, um casamento ou um feriado religioso.

É irônico que a espiritualidade tenha se tornado fonte de conflito, já que seus ensinamentos costumam pregar o amor e a reconciliação. Para quem estiver passando por problemas por ter dois caminhos espirituais na mesma família, eu gostaria de oferecer este conselho.

Antes de qualquer coisa, tente entender que o que deixa você tenso e constrangido não é a questão espiritual em si, mas a pressão de seus familiares para que você aja de determinada maneira.

Você pode se ressentir da insistência e do moralismo deles. Ou pode sentir que o caminho espiritual deles é estranho e pouco ortodoxo.

Uma boa solução para uma situação como essa é aprender um pouco sobre o outro caminho espiritual. Encontre um livro escrito por um membro reconhecido daquela tradição e o estude. Se você tiver a mente aberta e disposição para aprender, logo vai descobrir que alguns aspectos do outro caminho são parecidos com alguns do seu. Apesar de os símbolos exteriores serem diferentes, o significado por trás deles pode lhe parecer estranhamente familiar.

Você também pode ler a biografia de algum grande líder espiritual daquela tradição, como Mahatma Gandhi, Martin Luther King Jr., Madre Teresa ou o Dalai Lama. À medida que aprender sobre a fé e a vida deles, você conseguirá apreciar sua coragem e vai passar a respeitar o caminho que eles escolheram seguir. Essa mudança de atitude vai influenciar a dinâmica familiar de maneira positiva. Apesar de não poder controlar a forma como os seus familiares lidam com a sua opção espiritual, pelo menos você não vai mais se sentir desconfortável em relação à deles.

Mas se a sua família continuar a ter a mente fechada e a mostrar desrespeito, fale com confiança e os eduque. Diga a eles que os grandes líderes do caminho deles não agiam dessa forma. Martin Luther King Jr. e Thich Nhat Hanh respeitavam um ao outro; Thomas Merton e o Dalai Lama eram bons amigos.

Aqueles que compreendem os significados mais profundos e que tentam ser um exemplo de humildade e paz também reconhecem a luz interior nos olhos dos seguidores de outras religiões.

Quando isso acontece, eles se tornam mais humildes e abertos aos mistérios da encarnação humana e se sentem conectados à fragilidade do coração humano.

Não recebemos mais amor de Deus ao pedi-lo.
Em vez disso, despertamos para o fato de que Deus
sempre nos amou incondicionalmente.
Não nos tornamos um buda através do esforço.
Em vez disso, despertamos para a verdade de
que sempre fomos buda.

*

No início, nossas preces tomam a forma de:
"Por favor, me conceda isso; por favor,
me conceda aquilo",
e depois evolui para: "Obrigado por tudo",
amadurecendo então para: "Quero ser
parecido com você."
Por fim, elas transcendem a linguagem,
e oramos com todo o nosso ser em sagrado silêncio.

*

À medida que a minha prece se aprofunda,
escuto mais a voz Dele do que as minhas palavras.
À medida que a minha humildade cresce,
mais sinto o amor Dele inundando o meu coração.
À medida que a minha mente se aquieta,
mais sinto a presença Dele a todo momento.

À medida que a sua fé e a sua prática espiritual
se aprofundam,
a sensação de um eu ou ego separado diminui,
deixando mais espaço para a divindade preencher
seu coração.
Se você tem orado mais para benefício próprio,
mude de atitude e experimente orar para abrir mão
de um pouco de controle.

Se você tem rezado assim:
"Por favor, me conceda isso. Eu preciso muito
que isso aconteça",
experimente rezar também desta forma:
"Aumente meu coração para que ele possa acolher
e aceitar as coisas que eu não consigo."
Não faça barganhas com Deus, Buda ou
qualquer ser divino
para que ele lhe dê o que você quer em troca
de oferendas materiais.

Se você não sabe como resolver um problema
em sua vida, dê uma chance à oração.
À medida que traz a atenção para dentro e procura
sinceramente uma resposta,
algo sagrado dentro de você abre a porta da
sabedoria interior.

*

Se você está procurando desesperadamente
conhecer alguém especial,
envie suas preces ao Universo.
Ele é um ótimo casamenteiro.

*

Monges podem rezar por muitos anos porque
suas preces de felicidade para os outros os fazem felizes.
Enquanto me preparo para oficializar o casamento
do meu amigo, fico radiante.

*

Para pessoas não iluminadas, nem todo dia
é um bom dia,
porque elas só se sentem felizes quando as coisas
saem do jeito que elas querem.
Para pessoas iluminadas, todo santo dia é um bom dia,
porque elas se sentem livres por saber que
nada pode lhes tirar a sabedoria.

*

Quando uma pessoa não iluminada faz o bem,
ela tenta deixar a própria marca.
Quando uma pessoa iluminada faz o bem,
ela não deixa marcas.

*

Quanto mais santa a pessoa é,
maior é a chance de ela se descrever
como uma pecadora.
Isso acontece porque ela não mente para si mesma.

*

"Os santos são o que são
não porque sua santidade os torne
admiráveis para os outros,
mas porque a dádiva da santidade possibilita
que eles admirem todas as pessoas."
– Thomas Merton (trecho do livro
Novas sementes de contemplação)

*

Religiosos e professores tendem a ser verborrágicos,
e religiosos e professores mais velhos, mais ainda.
Espero que eu não me torne essa pessoa
que fala sem parar
sem perceber o que está sentindo a pessoa
diante de mim.

*

É sinal de grande força espiritual
guardar o segredo de outra pessoa.

*

"Quando um ministro prega,
ele precisa pregar não apenas para a congregação,
mas também para si mesmo."
– Reverendo Hong Jeong-gil

*

De acordo com o cardeal Nicolas Cheong Jin-suk:
"Não há registro da história bíblica de um peixe
se multiplicar por dois ou três.
Também não há registro de peixes caindo do céu.
O que provavelmente aconteceu foi que
as pessoas saíram com o que tinham
e compartilharam a comida com os outros após ouvir
a comovente prece de Jesus."
Um milagre não é apenas um fenômeno de outro mundo
que transcende as leis da natureza.
Abrir mão do egoísmo e abrir o coração para os outros
são atos igualmente milagrosos.

*

Há uma forma simples de testar a veracidade
dos ensinamentos do Buda.
Encontre a postura mais confortável de todas.
Permaneça nessa postura por 30 minutos.
A postura mais confortável de todas logo se torna
a mais desconfortável.
Tudo é impermanente, inclusive a postura mais
confortável do mundo.

*

Não se force a seguir um caminho espiritual.
Deixe que seus ensinamentos delicadamente abram
seu coração e o conduzam.
Como o sal se dissolvendo gradualmente na água,
deixe os ensinamentos se dissolverem
em seu coração.

EPÍLOGO

Sua face original

QUANDO ESTIVER OCUPADO a ponto de se sentir constantemente perseguido, quando as preocupações tomarem sua mente, quando o futuro parecer sombrio e incerto, quando estiver magoado com algo que alguém falou, desacelere, mesmo que apenas por um momento. Traga toda a sua consciência para o momento presente e respire fundo.

O que você está ouvindo? Quais são as sensações no seu corpo? Como está o céu?

Apenas quando desaceleramos é que finalmente vemos com clareza nossos relacionamentos, nossos pensamentos e nossa dor. Quando vamos mais devagar, não ficamos mais presos neles. Podemos nos distanciar e apreciá-los pelo que são.

O rosto dos nossos familiares e dos colegas que

sempre nos ajudam, o local por que passamos todos os dias mas não notamos, as histórias dos nossos amigos que ouvimos sem atenção – na imobilidade dessa pausa, a totalidade do seu ser é revelada em silêncio.

Não precisamos nos esforçar para adquirir sabedoria. Em vez disso, ela surge naturalmente quando desaceleramos e percebemos o que já está aqui.

À medida que notamos mais e mais aspectos do momento presente, chegamos à percepção mais profunda de que há um observador silencioso dentro de nós. Na imobilidade primordial, o observador silencioso testemunha tudo o que acontece dentro e fora.

Torne-se amigo desse observador. Descubra onde ele está e que forma assumiu. Não tente imaginá-lo como algo que você já conhece. Deixe todos os seus pensamentos e as imagens se fundirem de volta ao silêncio e apenas sinta a presença do observador que já está ali, em silêncio.

Se você vir a face do observador silencioso, então terá encontrado a sua face original, aquela de antes de você nascer.

CONHEÇA OUTROS LIVROS DE HAEMIN SUNIM

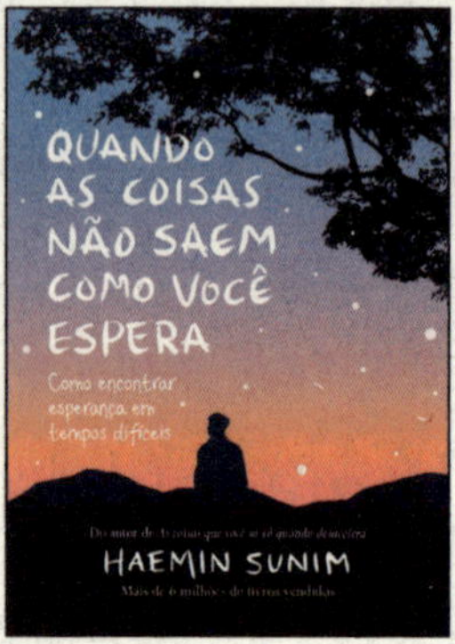

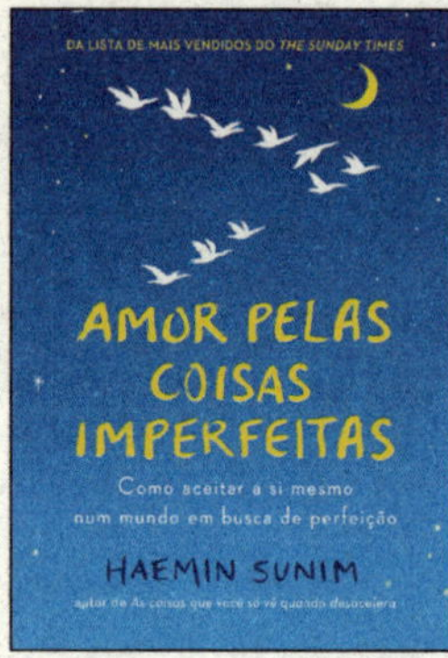